PERFECT BLUE
STORYBOARD BOOK

SATOSHI KON

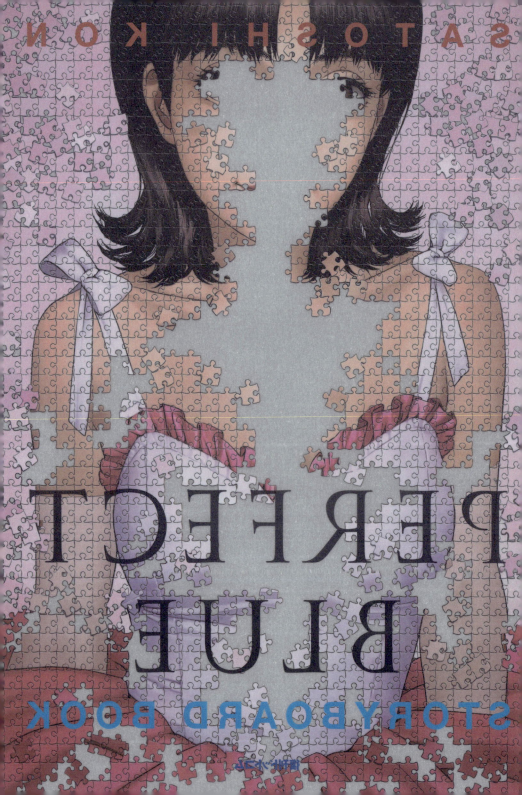

メインビジュアル　1998年

◁前頁:総トビラ:DVDジャケットイラスト(リニューアル版)用素材　2007年

販促用カレンダー（他Tシャツ&マウスパッドにも流用） 1998年 キャラクター（顔）修正：浜洲英喜

LDボックス・DVDジャケットイラスト　1998年

トレーディングカード用イラスト　1998年（2008年修正）

トレーディングカード用イラスト　1998年（2008年修正）

トレーディングカード用イラスト　1998年（2008年修正）

トレーディングカード用イラスト　1998年（2008年修正）

トレーディングカード用イラスト　1998年（2008年修正）

トレーディングカード用イラスト　1998年(2008年修正)　　トレーディングカード用イラスト　1998年(2008年修正)

販促用カレンダー　1998年

販促用カレンダー（他Tシャツに流用）　1998年／キャラクター（顔）修正：浜洲英喜

販促用カレンダー（他Tシャツに流用）　1998年／キャラクター（顔）修正：浜洲英喜

販促用カレンダー(他Tシャツにも流用)　1998年／キャラクター(顔)修正:浜洲英喜

トレーディングカード用イラスト　1998年(2008年修正)

ART BOARD
――――― アートボード

未麻の部屋イメージ

未麻の部屋イメージ

未麻の部屋イメージ

未麻の部屋イメージ

バーチャル未麻が飛ぶ街灯

未麻の部屋

未麻の部屋

未麻の部屋

未麻の部屋

未麻の部屋

未麻の部屋

ストリップ小屋

ストリップ小屋

フェリー乗船橋

村野の部屋

写真スタジオ

撮影セット

撮影所廊下

事務所

未麻が落ちる屋根

キャットウォーク

阿佐ヶ谷商店街

バーチャル未麻が割るガラス

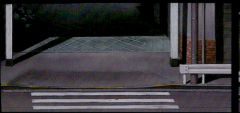

青梅街道

トレーディングカード用イラスト 1998年（2008年修正）

memo.

S.	C.	PICTURE	CAM	NOTE	DIALOGE	M.	E.	SEC.
								S. M
		CONTENTS		GALLERY			2	
				プロフィール：今 敏			17	
		『PERFECT BLUE』絵コンテ **A** パート　23		インタビュー：今 敏			18	
				ART WORKS Ⅰ	キャラクター設定		124	
		『PERFECT BLUE』絵コンテ **B** パート　129		ART WORKS Ⅱ	美術設定		221	
		『PERFECT BLUE』絵コンテ **C** パート　225		ART WORKS Ⅲ	レイアウト ラフ他		378	
		『PERFECT BLUE』絵コンテ **欠番** パート　389						
		COMMENTARY　　　423		［インタビュー＆コメンタリー］ 自作解説　今 敏 作品解説　氷川竜介 　　　　　藤津亮太 ＊DVD・Blu-ray特典STORYBOARD BOOKと 同一の掲載内容になります。 録り下し　岩男潤子／吉田豪			424 427 432 437	

No._____

SATOSHI KON

【今 敏プロフィール】

　1963年、北海道生まれ。武蔵野美術大学　造形学部　視覚伝達デザイン学科在学中の85年、ヤングマガジン主催のちばてつや賞を受賞し、漫画家デビュー。『海帰線』(90年刊)、大友克洋監督の映画を漫画化した『ワールド・アパートメント・ホラー』(91年刊)などで絶賛される。

　90年、大友原作の映画『老人Z』の美術設定を手がけ、アニメーション映画初参加。以後、おおすみ正秋監督の『走れメロス』(91年)でレイアウト、押井守監督の『機動警察パトレイバー2 the Movie』(93年)で美術設定・レイアウト、オムニバス映画『MEMORIES』(95年)では森本晃司監督篇『彼女の想いで』の脚本・美術設定・レイアウトを担当。93年にはオリジナル・ビデオ『ジョジョの奇妙な冒険』のエピソード『DIOの世界・花京院　結界の死闘』で脚本・演出・絵コンテを手がけた。

　劇場映画初監督作は『パーフェクトブルー』(98年:兼・キャラクターデザイン)。同作は国内はもとより海外でも高い評価を獲得し、カナダのファンタジア映画祭アジア映画部門作品賞、ポルトガルのファンタスポルト映画祭ファンタジア・セクション賞アニメーション部門作品賞、ニューヨークのBムーヴィー映画祭アニメーション部門作品賞を受賞した他、ベルリン映画祭など数々の国際映画祭に正式出品された。

　続いて自ら原案・脚本を手がけた『千年女優』(02年)を監督。同作はファンタジア映画祭でアニメーション映画部門作品賞とファンタジア・グラウンド・ブレイカー賞の二冠を獲得した他、スペインのシッチェス・カタルニヤ映画祭オリエント・エクスプレス賞を受賞。国内でも毎日映画コンクールの大藤賞を始め、文化庁メディア芸術祭・アニメーション部門大賞など、数々の賞に輝く。

　第三作『東京ゴッドファーザーズ』(03年:兼・原作、脚本、キャラクターデザイン)も毎日映画コンクール・アニメーション映画賞など内外の多数の映画賞を受賞。04年にはTVシリーズの異色作『妄想代理人』の原作・総監督を務め、話題を巻き起こした。

　遺作となった第四作『パプリカ』(06年)も第14回Chlotrudis Awardsベストデザイン賞、第25回ポルト国際映画祭Critics' Award受賞、第35回モントリオール・ニューシネマフェスティバルPublic's Choice Award受賞、第8回ニューポート・ビーチ・フィルム・フェスティバルFeature Film Award受賞、東京アニメアワード2007 優秀作品賞劇場映画部門・個人部門音楽賞(平沢進)など多くの賞を受賞した。

(氷川竜介)

SATOSHI KON
PERFECT BLUE Director's Interview
【監督】今 敏インタビュー

既存のアニメーションの枠を打ち破る
新しい表現の方向性

ここにはSFロボットも戦闘も美少女のお色気もない。あるのはごくごく日常の、あまりにも恐ろしい出来事。既存のアニメーションを越えた緻密なストーリー構成と大胆なカット割りの演出で、新しい世界観が展開される。

すべては漫画から始まった

『パーフェクトブルー』の監督依頼を引き受けたのは、すべてのプロセスに自分の手が入れられるということに興味がわいたからです。その前にやった『ジョジョの奇妙な冒険』で、脚本、コンテ、演出は担当しましたが、音関係やダビングなどは監督の仕事で、関わっていませんでしたから。これらを全部含めて携わってみたいというのがありましたね。

こういったあれもやりたい、これもやってみたいと思う出発点は漫画を描き始めた頃に遡ります。もともと絵を描くのが好きで落書きみたいなのから始まり、それが漫画に発展しました。とりあえず1本のストーリーを仕上げたものが、たまたま講談社のちばてつや賞にひっかかって、それ以降は趣味ではなく、職業として漫画を描いていったわけです。しかし、ある程度描いてくると話のつくり方や演出の能力の欠落に気づきまして、このとき助けになったのが映画なんですよ。映画のなかからシナリオの展開や演出方法というのを吸収したり影響も受けて。紙の上に反映させるようになりました。読むだけじゃなくて自分でも漫画を描こうと思った背景に、当時は大友さんの『童夢』や、『AKIRA』があったというのが大きいですね。特に『童夢』は好きで、ああいう漫画のなかで1本の映画みたいなことができれば、と。ですから連載漫画みたいなものにはあまり興味がいかなかったですね。ある程度最後がわかっていて、そのなかでフィードバックさせながら前を作ったり、伏線を張ったりという、すべてが完結したなかで考える方が性に合ってましたね。

実写から探った
シナリオ・構成・演出

高校くらいまでは、それこそヤマトとかガンダムとか宮崎さんのアニメとか色々見てたし、漫画の単行本もずいぶん買ってましたけど、大学に入ったくらいからはほとんど実写映画しか見なかったような気がしますね。ビデオで見るのが多かったけど漫画を描く上での参考として、シナリオや構成、演出のことなど、そのつどテーマを持って見るようにしてましたし、映画好きな人から推薦された作品はできるだけ見てましたね。映画監督で特に誰かに影響されたとかいうことではないんですが、その時々の自分に引っかかるものが少しずつ吸収されていくという感じでしょうか。例えば、黒澤明監督の構成はきっちりしていて非常にわかりやすいんですよ。見たからって真似できるものじゃないけれど、構成で映画をつくるという、一番いい勉強になりました。だからといって「クロサワに影響を受けた」なんてことはおこがましくてね(笑)。作品的に影響、というより刺激されたのはテリー・ギリアムの一連の作品ですかね。ファンタジーなんだけれど、描いていることが辛辣で、語り口も変化球的で、ベタな切り取り方をするんじゃなくて、全然違う所に舞台を持っていって鮮やかにテーマを切り取る感じが面白いんですよ。『バンデッドQ』や『未来世紀ブラジル』、『バロン』が特に好きですね。

自分で描くときは、やっぱり身の回りのことなんか

に興味があったから、現実的な社会のリアルなところから始まって、そこにファンタジーが混じって、最終的にはファンタジーで終わるという感じです。テーマまでファンタジーになっちゃ困るんですけどね（笑）。

つなぎの面白さ〜漫画のコマ割りの醍醐味

漫画を描いているうちに非常に面白くなってきたのは、構成も勿論なんですけど、演出としてのコマ割りでしたね。1ページのなかに6コマ7コマくらい描くわけですが、ページを開いたときにこの絵がくるとか、見開きではこの絵から始まって最後はこの絵でオチがつくというシーンの流れがあるんですよ。カットの繋ぎ方、いわゆる編集というか。吹き出しの位置によって読者の視点を誘導したり、一拍間を取るならこうしよう、顔向きはこっちだとか、随分考えました。例えば、落ちるという動作を描くときは、上に吹き出しをつくり、その対角線にあたる下の方に次のセリフを置くと、自然に流れるようになる。こういうことをコントロールするのが、漫画の一番面白い部分だったんじゃないでしょうか。上手くできたかどうかは聞かないでください（笑）。

設定へのこだわりからレイアウト、そしてカットの設計へ

『老人Z』という作品の美術設定をやったのが、アニメーションとの最初の関わりです。設定の仕事だと漫画家としての経験だけでも何とかなりますね。アニメーション業界では、出てくるじいさんの部屋だとか商店街とかからクライマックスの舞台だとかまでを、生活感みたいなものまで含めて面白がって描く人間がいないと言われたんですよ。で、そういうことをやってくれ、と。

とにかく設定で一番大切なのは、漠然とそこに置かれている物でも、その由来やそこにある過程みたいなものが描かれているかということじゃないですかね。汚いアパートが出てきたら、そこには以前にも住人がいて、部屋の壁に貼ってあったポスターの所だけがちょっと白っぽくなっているとか。

最初は設定だけだったんですが、全部のシーンやカットに対して設定をつくっていたら膨大な数になるし、じゃあレイアウトで直接描いた方が早いということで、ついレイアウトまで手を出してしまいました。これがアニメーションにハマるきっかけだったんですよね。人物とかが大きく動くカットだと、ある程度動きも把握していないとレイアウトはできませんし、更にその対象物がこのカット内でこう動いてここに行く、とかいうことを扱い始めると、3秒なら3秒のなかでそういうことをやるのはどうなのかをまた考え始めて、時間というパラメータが重要になってきた。原画を描いていたわけではないので完全な時間のコントロールとはちょっと違いますが、こうしたカットの設計こそが、アニメーションにハマった一番の原因です。

それとね、他人のやったのを見ていると、何でこのカットの次にそのカットが来るんだ？　という疑問が出てきて、自分ならこうするのに、とか思いながら仕事してたんでね、このままいけば、いずれ監督という立場に立つんだろうなあと、漠然と思い上がってました（笑）。

絵を描きたいというところから始めた漫画ですが、漫画になると今度は話と演出が出てきて、アニメーションに関わると時間というものが出てきて、そうやって仕事の領域を広げていくうちに、やっぱり基本は文字か、ってことでシナリオも書いたんですよね。最初の「絵が描ければいいな」っていうのはどっか行っちゃって、一生懸命字を書いている自分に「何やってるんだろう？」とか思いましたけど。でも違う筋肉を使うみたいで面白かったですね。とは言ってもね、基本的には絵描きですし、設定とかレイアウトの仕事が多いですね。

スタッフワークとしてのアニメーション

漫画というのはアイディア、構成、シナリオ、キャラクターデザイン、美術設定、衣裳デザイン、照明、コマのなかに絵を描くコンテみたいな部分から仕上げまで、何から何まで全部やるわけです。それがアニメーションだと共同作業ですから、新しい面白さを発見することができます。スタッフから出てくる意外なアイディアとか、こちらから投げた球がすばらしいもので返ってきたりとか。勿論とんでもないものが返ってくることもありますけどね。しかし、そういうやりとりのなかでどんどん膨らんでいくことが非常に面白いんですよ。ですから、自分がどんなポジションで作品に関わっても、出された要求に対しては何かしらのアイディアは乗せて返すということは一応心がけています。作業を大変にしてるだけって話もありますけど（笑）。

『パーフェクトブルー』に於けるアニメーションの可能性

アニメーションって実は凄く偏っているんですよ。方法論もそうだし、コンテの描き方、扱うネタにしてもそ

カット編集について
アクションカットのつなぎが目立つ『パーフェクトブルー』。後半に進むに従って、ワイプを使ったりパンしてカメラが回り込んだりと、さらに面白いつなぎが見られる。
〈上図〉絵コンテC.115～118／未麻が自分のマンションのドアを開く動作が、そのまま冒頭のコンサートの会場の関係者扉を開くシーンのつながりでいく。いわゆる〈アクションつなぎ〉というもので、映画『パーフェクトブルー』では、映画全体のリズムの一つになっているくらい重要所要所に使われている。とくに中・後半の様々な未麻（ダブルバインドの2役、現実、夢）を行き来するシーンでは、映画を見る観客を幻惑させる。

うです。漫画なら子ども向けの「コロコロコミック」みたいなのから「ビッグコミック」みたいな大人向けのものまで、扱うネタも千差万別。アニメはいつまでたってもSFロボットや美少女ばっかりで、そんなのばかりじゃつまらなくて仕方ない。予算がないとか企画が通らないとか言うけれど、結局みんな、それが好きなだけなんじゃないかと思いますね。それが悪いわけでは勿論無いけど。ただ寂しいな、と。それで、自分である程度話を作るところからできるんだったら、と『パーフェクトブルー』は違う視点でやってみようと取りかかったわけです。
　原作に近いという最初のシナリオを読んでから、自

分なりに再構成したんですが、出血の描写やなんかを一生懸命やれば、作品になるにはなる。しかし自分が関わる以上それはできない。「アイドル」「ホラー」「アイドルファン」といった3つのキーワードさえはずさなければ、監督にお任せしますということでしたから、不自由はなかったです。それでまず、核になるアイディアとして主人公が、過去に置き忘れてきた、"自分のある部分"が実体化し、主人公に襲いかかるという大枠の話のイメージを作って、脚本の村井さんと話してるうちに劇中劇が出てくる入れ子構造みたいなのがいいね、となって、客が酩酊感を味わうようなのがいいなぁ、じゃ、村井さん後はよろしく、みたいな（笑）。

シナリオ・基礎工事としての重要性

　はじめに上がってきたプロットに対しては違和感はありましたが、とにかく良くしていくためにたくさんのアイディアを出し合いました。素材はほぼ揃っていたので組み替えみたいな作業です。自分でも多少は書いたことがあるので、一度シナリオになったものを全部ほぐしてみたりして、構成を見直しました。すると非常に工夫して書いてあることが見えてきたり、落としているものが見つかったりして、伏線やオチの使い方に注意を払いやすくなる。例えば「あなた、誰なの？」という未麻のドラマのセリフ。どうでもいいようなものだったのが、繰り返し使用することで意味性を持たせたり。一稿の打合せは5、6時間やりましたが、村井さんの工夫や計算がわかると変なアイディアをこちらから出せないというのがあって、そのやりとりがすごく楽しかったですね。とにかくお互いに映画をよく見ていて、過去の映画のシーンやカットなどが共通言語となり、どんどん話は進みました。
　現実と夢、さらに劇中劇の入れ子構造というのはシナリオの段階でかなり出来上がっていました。さらにコンテをやっていく中で強調しようというのはあったんですが、これはあくまで強調という演出ですから。文字で出来ることはきちんと文字のうちに済ませておいた方がいいんです。ただ、コンテの段階で犯人を変えたというのはありました。元のシナリオだと内田（ミーマニア）というのは狂言回しで、ただ怪しいだけの人物だったところを、それじゃああまりにも関連がなさすぎるんで実はいろんな殺人も「させられていた」という風に変えたんです。
　難しかったのは主人公が何もしてくれないということです。いつも誰かに何かをさせられている。通常、物語の展開は強烈なキャラクターである主人公の行動

に周りがついていくという形ですが、それがまったくない。周りで事件だけが進展していくというのがシナリオ的には難しく、工夫を凝らした部分ですね。だから周りは未麻を補うようなアクの強いキャラクターを配したり、また途中で一回、未麻をラジオ局でアクティブに動かすシーンも意図的に作りました。

あと、こういう話である以上、決してそれが「売り」の作品ではないんだけど、一応犯人当てという要素があるんでね。多分、こう見られるだろうな、この辺りで先をこう読むんだろうなというのを考えてミスリードしながら構成を立てるというようなことはやりました。

とにかく構成・シナリオというのは一番大事な基礎工事ですから、自分も一緒に参加して、よりよく語るための方法を一生懸命考えるわけです。この時点でどこまで出来ているかによって作品の出来が決まるんですよ。安心してコンテを描けたのも、シナリオに自信が持てたからですね。

楽しくて仕方ないコンテ作業

何も悩むことなどなかったくらい、コンテは楽しい作業でした。シナリオの二稿、三稿段階の打合せのときに、シーンでキーになる絵がどんどん出てきたんですよ。調子に乗りすぎて、削らざるを得なかったカットもかなりあります。元々ビデオ作品として始めたので、全部使ってしまうと劇場大作になってしまうし、結局100カットほど切りました。

尺の問題でカットしているわけですから、カットされたコンテというのは時間経過を描いたものがほとんどです。例えば、未麻の不安感を強調するような、段々不安になっていく部分ですね。「段々」というのは、時間をかけなければその感じを出すのはやはり難しい。じわじわとくる部分は思い切ってカットせざるを得なかったんです。

アニメーションのお決まり的表現を破るカットつなぎ

シナリオと演出は絶対別物じゃない。ですから、映像表現としてのカットの演出というのもシナリオ段階から考えるわけです。エピソードの繋ぎとか、精神的な混乱なんかの表現としてもアクションカットを随分使ったんですよね。アクションカットって、本来は一つのアクションを2カットにまたがせたりすることなんですが、これを違うシーンを繋ぐのに使ったりしたんですよ。冒頭のコンサートシーンと未麻の日常の対比、というより彼女の中での並列性みたいな部分ですね。ステージ上でのアイドルの顔とプライベートでの顔を一緒に描いているシーンです。ブツブツッと切って繋げるだけではつまらないから、『スローターハウス5』(ジョージ・ロイ・ヒル監督)みたいにやりたいな、と。アクションカットとかイメージを重ねて違うシーンに繋ぐ、といった技法のイメージは最初から持っていましたが、それだけじゃつまらない。後半に進むに従って加速度的にありとあらゆる普通じゃないつなぎをやりました。

アニメーションの場合、あまりにも決まりきった表現が多いんですよ。例えば回想シーンもパターン化していて、画面がフラフラッとして回想が始まるとか、セピア調になったり、コーヒーの上にクリームが流れて渦を巻き出すようなところからとか、目玉のアップになったり。そんなありきたりのだけじゃつまらないし、回想や幻想への入り方にもいろいろあるだろう、と。カットやシーンが変わっても流れの中ではつながっていて、観客はしばらくしないとその意味には気がつかないくらいが面白いと思いましたね。こういうカットつなぎは舞台の影響を多分に受けたかもしれませんね。特に同じ世代の元気のいい劇団の舞台とかって場面転換がスピーディーなんですよね。舞台というのは当然カットを割れないし、シーン変わりにいちいち暗転してたら流れがもたつくだろうから、ライティングや音の急激な変化とか、振り返るアクションで違う人間になっていたりとかいろんなことをやる。映画から吸収したことを演劇で表現するために、あらゆる工夫をし、翻訳をして、舞台ならではの表現に消化している。それを逆にフィルムでもやれないかな、というのがありましたね。

観客は親切にされることに慣れすぎている。だからわざとはずすんですよ。例えばシーンが変わったとき、普通シーン変わりを知らせるためにロングの画が入る。喫茶店ならその喫茶店、そしてそこで向かい合う男女がいて、話に入っていく。こんなまどろっこしいことをして流れが切れるのもいやだったし、お客を客観的な気持ちに戻さないようにとか、ちゃんと見てないと付いてこられないくらいにしてやろうっていう意図もあって、場所紹介のカットとかってほとんど作ってないんじゃないですかね。

現実感を希薄にするビジュアルキーワード

映画のなかのほとんどは屋内です。未麻の部屋、内田(ミーマニア)の部屋、撮影所もそうですね。もう一人の未麻が初めて出てくるのが、未麻の部屋のパソコンからです。実はこのもう一人の未麻をどう出せ

ばいいかを随分考えて、村井さんがインターネットってアイディアを出してくれたんですよ。ホームページ「未麻の部屋」。それで部屋なら部屋で全部、韻を踏んで（イメージを重ねて）しまおうと。

未麻が住んでいる部屋には3つのモニタがあるんですよ。テレビとパソコンと、縦3：横4というモニタと同比率の熱帯魚の水槽。未麻の部屋を見たときも、モニタのなかに見えるように描いてあります。これは、すべてのことにまるでモニタのなかで起こったような出来事みたいに、希薄な現実感を出したかったからなんです。あと、脚本家・渋谷が入って行く駐車場の入り口も3：4。

色彩の仕掛けと全体の統一

タイトルのわりには青は全然使用していませんね。赤が象徴色です。やはり未麻のいやらしくない意味での性的な部分は描きたかったんですよ。それは、生理のような、まあ血の象徴です。逃れられないものの象徴として赤を屹立たせ、最後ルミの形を取って追いかけてくるもう一人の未麻の衣装も、やはり赤です。このクライマックスシーンは、"特別感"を出すため、印象に残るようにムードを変えました。もう一人の未麻に追いかけられる最中、アーケードが七夕になっていたり。転調ですね。アクションを単純に力技で描くより印象的ですから、かなり理性的に効果を狙ってやりました。

本来はコンテ段階から必要な
5.1チャンネル設計

5.1チャンネル立体音響でのリニューアル版『パーフェクトブルー』は、やはり随分変わったという印象を受けましたね。ただ、音の迫力に比べて絵がとり残されたという感じは否めません。それは最初から5.1チャンネルを前提にコンテを描いていたわけではないので、仕方ないんですよね。急に音だけが立体になっても、今度は映画としてのバランスが気になりますね。それでも、遊園地や生活音、撮影所のムードという臨場感は際立っていますよ。

さまざまな可能性を生み出す5.1チャンネルフォーマットも、結局は最初からきちんと考えて有効に使わないと勿体ないですね。音と画が一緒になった演出を考える必要がありますから、単純に音の移動やなんかというのを表現しても意味は成さない。効果があるかどうかを考えないことには演出にならないので、下手すれば音のサーカスだけご披露することになるわけで

すよ。これはまったく本末転倒ですから、冷静にコントロールすることがこれからの課題でしょう。

海外での評価とアニメーションのポジション

B級アイドルを扱った素材で、ましてや日本人でもそういう文化があることすら知らない人が多いでしょう。閉鎖的な文化ですよ、非常に小さくてね。それが、外国人がそういうモチーフは理解できなくても作品を面白がるというのは、ちょっと不思議でした。ただ、外国人にしてみればデパートの屋上でのアイドルとファンという、閉塞的な文化を紹介していることも面白かったみたいですね。外国人にもわかりやすいだろうというイメージの作品をつくるよりも、個人的な世界観を、小さく小さくというベクトルでつくっていくのも一つのあり方だという気がしました。

日本のアニメーション文化は特殊なんだと思います。ロボットが出てきて派手な戦争をすれば「アニメならでは」と評価される。それじゃあ『パーフェクトブルー』はというと、なぜ実写じゃないのか、と。それは単純に、非常に幅の広い漫画文化があるように、アニメーションでもそれくらいの幅があっていいと思ってつくっただけのことです。ことさら"リアルな描写"を目指したわけでもないのに、みんながリアルだ、リアルだと言う。映画としての絵にリアリティが欲しかったからそういう表現をしただけで、ストーリーを語るのに必要なことをしただけなんですよ。どうしてこの作品をアニメーションでやるかという意味は自分なりにあって、わかりやすいところでは、バーチャル未麻の動きの表現なんかがそうです。アイドルっていうのは何だといったときに、重みのない存在であることを表したかった。これはアニメーションとしての詩的な部分です。他にも実写にすれば不自然な部分は沢山ありますし、当然ですがアニメーションとしての作品なんです。

今後もアニメーションをやりたいと思っています。『パーフェクトブルー』でわかったことやあやふやになっている部分はきちんと整理し、もう一度固めたり補強したりということをやりたいんです。でも本当はアニメーション一筋というのではなく、面白いことができるのであれば別の媒体でも構わないと思っています。自分のなかに面白いイメージさえ持っていられれば、どんな媒体でやっても表現はできるんじゃないかと。ただ、いまの気分としては、アニメーションへの興味がまだまだ大きいですね。（1998.9.4/吉祥寺・東京）

マッド・ハウス

memo.

S.	C.	PICTURE	CAM	NOTE	DIALOGE	M.	E.	SEC.
	①			BL画面から F.I (2+0)				S. M.
			→IN	F.I してすぐに レッドトロン INしてヨ?	(SE)ウィンウィンウィン ウィン… (カットいっぱい段々 激しくなっていく)			
				オボツなアクション で、銃を構えながら				
				作画でT.B BG オプチカルで T.B ※画面全体に RGB 3色の光の 交錯	レッドトロン 「パワートロン！			
			→IN	続いてグリーン トロンINして来て				
			→IN	銃を構え 更にブルートロン IN ↓				

No. 1

マッド・ハウス

memo.

S.	C.	PICTURE	CAM	NOTE	DIALOGE	M.	E.	SEC.
								S. M.
①				7Bエンド 3人 泱めポーズ (3人) 3色の光の交錯 止んで 強い光 (白) 数コマ (SE)	「スペシャル アタァーック!!」 「ガォン!!」			2+0
②				悪役(キングバーグ)の 足元で 爆発 付けて PAN UP 白煙 画面 いっぱいになる (SE)	「ボン!!」			
				キングバーグ なるべく見え ない様に	キングバーグ 「グアアアッ」			
								1+12
③				画面いっぱい 流れて白煙				
				一のけから 現れるキング バーグ セリフ後 身を翻し 身へ アップになる 煙 消えからない	⊕「おのれェ パワードロンめ! この次は必ず倒して やるからな!」			6+12

No. 2.

15+0

A Part 25

S.	C.	PICTURE	CAM	NOTE	DIALOGE	M.	E.	SEC.
								S. M.
	④			ステージセットの一番上。キングバーグOUT 白煙流れてF.O.				
				キングバーグOUT しきらないくらいでレッドトロンiNして、階段かけ上がる	®「待てよキングバーグ!!」			
				レッドに続いてブルートロンiN				
				更にグリーントロンiNして、キングバーグが去ったあたりに見上げる				(3+0)
				3人、正面へ向かって ポーズを決める				6+0
	⑤			観客からステージ	®「この ネットワークの平和は オレたち3人が 必ず守ってみせる!!」 #バクトロンのテーマ 盛り上がる			4+0

No. 3

10+0

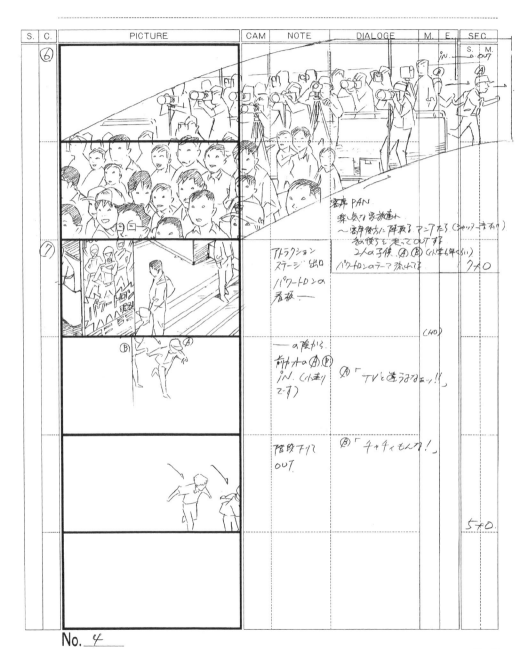

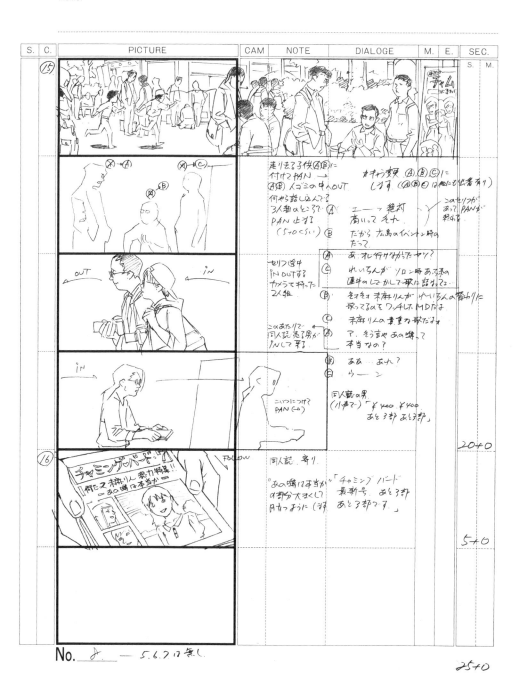

memo.

マッド・ハウス

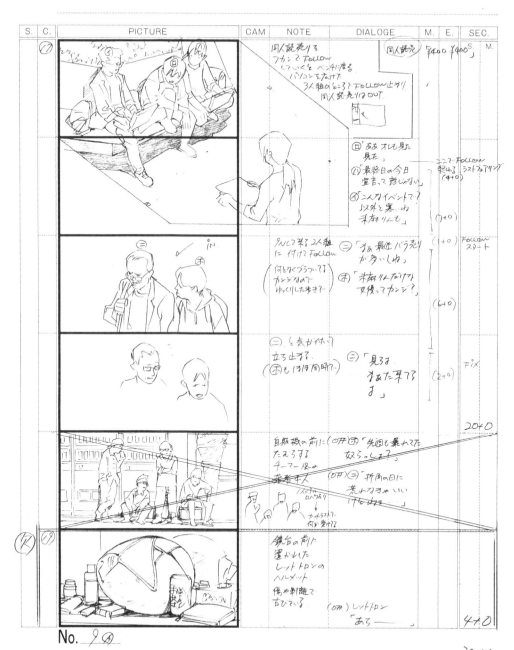

A Part

マッド・ハウス
memo.

S.	C.	PICTURE	CAM	NOTE	DIALOGE	M.	E.	SEC.
	⑱			自販機の前にたむろするチーマー風の若者4人。	(男)㊀「先周も暴れてた奴ら, しょ？」(男)㊁「祈用の日に荒れなきゃいいけどねぇ」			S. | M.
				小太りの男が時計を気にしつつ IN OUT				
				空き缶放り投げて動き出す4人組	(正)カンカラン			8 + 12

No. 9 ⑧

8 + 12

マッド・ハウス

memo.

S.	C.	PICTURE	CAM	NOTE	DIALOGE	M.	E.	SEC.
								S. M.
	28			ジタバタと足踏み するれいの足 *遊園地・楽屋内 このシーン 全体に背 早ロアフ	れい「あ—— 緊張して来たァッ‼」			3+0
	29			れいの髪を スプレーで固め ヘアメイク カット頭 Q.PAN UP フェアリング本	(れ)「う——」 (メイ)「ほら 動かない 動かない」			2+12
	30			カット頭 Q.PAN (→) フェアリング本 驚くスタイリスト 手前は雪子 スタイリスト 言や マックロ立ち上がり 前へ移る	②「どうしたの これ!? ほつれてるじゃ ない!?」 (雪)「エ——」			2+12
	31			スタイリストの動きに 合わせて パン TB ガムテープ探す スタイリスト	「知らないわ 私ッ!」 ②「ガムテは ガムテ‼」			
				ハける田所 携帯電話で 話してる ※田所のサイズ もシクレンスせめ? 田所のPN カット尻 数コマ TB	(田)「はい…エエ」			3+12
⑦	32			「だからそれは こちらの判断で かまわないと… (タヨッ 第5日所 カメラ 田所にツケイナイデ PAN 田所は OUT 奥にルミと矢田	(田)「だからそれは こちらの判断で かまわないと… エエ」			3+12

No. 13

11+12

A Part 31

マッド・ハウス

memo.

S.	C.	PICTURE	CAM	NOTE	DIALOGE	M.	E.	SEC.
								S. M.
	㉝			矢田とルミ 矢田、進行表が 何かを手にして	⑭「だから 変更は ないって言ったでしょ！」 ㊄「スンマセン！」			
				矢田がOUT するとから。	⑭「2曲目の入り、また 間違えてるよ 未麻！」			3+0
	㉞		カット頭 Q.PAN (フォロー)	メイク直してら、 てる未麻	㉛「プレッシャーかけ ないでエェッ」			
				雪子IN (画面いっぱい くらいのサイズ？ マルチボケ）				2+12
	㉟			雪子 石へOUT しつつ。	㊄「何か飲みたーい！」 ⑭「我慢しときな さい！」			
				が薬持つ同所 IN OUT	㊄「申し訳ありません 後程かけ直します ので…」			

No. 14

5+12

マッド・ハウス

memo.

S.	C.	PICTURE	CAM	NOTE	DIALOGE	M.	E.	SEC.
								S. M.
	35			ドア開いて	AD「そろそろお願い (フェース)」			
								8+0
	36			カチッと3時丁度を示す時計 チャイムが鳴る				
					(OFF)司会者「それでは準備も整ったようです」『ワーッオオッと歓声』			6+0
	37			カーテンの裏で出番を待つ未麻 大きく深呼吸 カーテンの隙間から先が覗ける	観客の歓声			
次	38			ステージ上の司会者	(OFF)司会者「早速登場して貰いましょう!」			
				OUTする司会者 客が湧って	(OFF)司会「チィムの皆さんです」(イントロスタート) 『ウオオオオ』			
				カーテン開き 光の中へ飛び出して行く未麻	『ワアアア』 (→イケPAN)			
	39							
ヨコからワンカットで								

No. 15

14+0

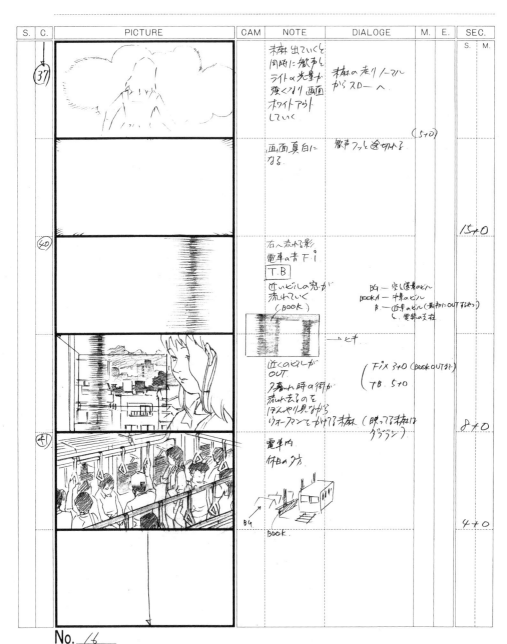

マッド・ハウス

memo.

S.	C.	PICTURE	CAM	NOTE	DIALOGE	M.	E.	SEC.
	㊷			音楽（チームの曲である）を 手でリズムとって取りながら 聞いている 小さく口ずさんでいる				S. M.
			PAN UP					
				小さくフリ真似				6+0
	㊸			前カットのアクション をつぐカンジで ステージ上の未麻 ☆歌絡みのカットは 尺未定です ※このカットが考え上の カッコのついてるのは 未麻の最初の親見せ 大体…ということで。 です。				
								(7+0)
	㊹			歌う雪子				(4+0)

No. 17

6+0
+ (11+0)

A Part 35

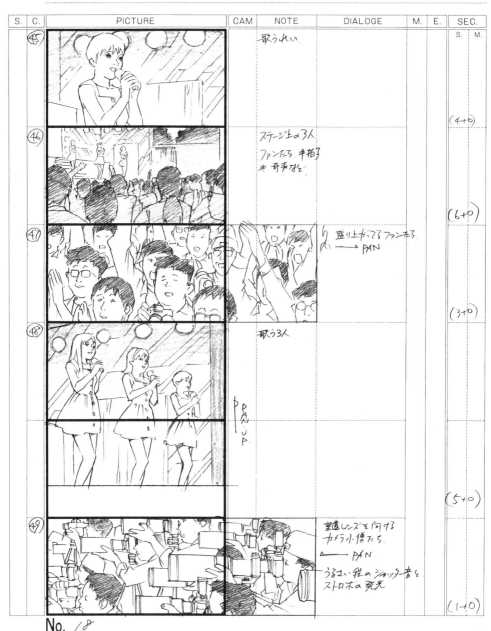

memo.

S.	C.	PICTURE	CAM	NOTE	DIALOGE	M.	E.	SEC.
								S. M.
	(51)			歌に合わせ 踊る未麻 ※振りに合わせてカメラ追う				
		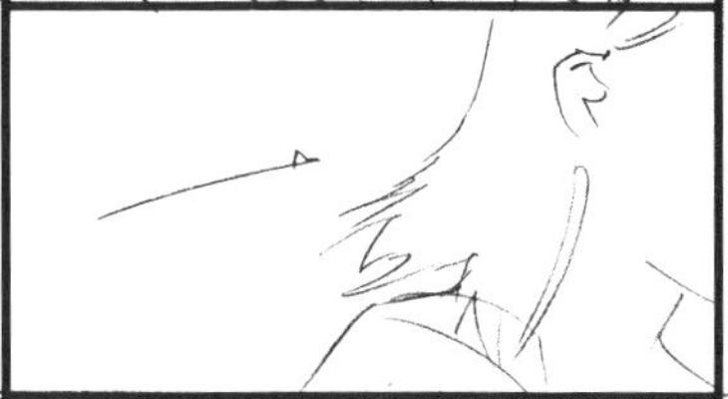		パッと前へ 出る(振り付け) 未麻				(7+0)
(欠)	(52)			商店街 前カットで受ける カンジで 手前の 人の陰から現れる 未麻				
			→ FOLLOW					5+0
(欠)	(53)			スーパーの前 歩いて来る未麻 自転車を置く 場所を探してる ゆっくりした歩きです				4+0
	(54)			スーパー店内 青果売場 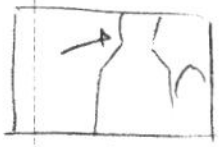 親子連れ OUT していくと…				

No. 19

7+0

memo. (51)  ラストのポーズ

S.	C.	PICTURE	CAM	NOTE	DIALOGE	M.	E.	SEC. S.	SEC. M.
	(54)		A.C	夕方で混雑している スーパーマーケット店内. 手にしている 品物から 目を上げる未麻					
				 品物は カゴに入れる かんじ（画面外）					
				歩いて左へ OUT.				4+0	

No.

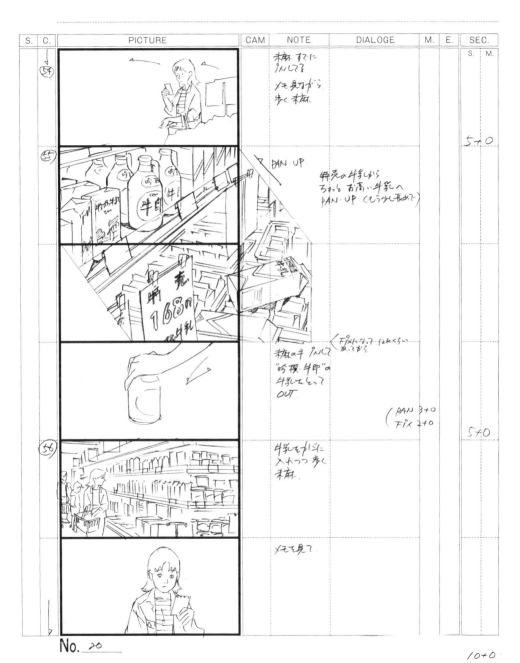

マッド・ハウス

memo.

S.	C.	PICTURE	CAM	NOTE	DIALOGE	M.	E.	SEC.
								S. M.
	56			ハッと気付く "あ、いけない 忘れてた"って カンジ				4+0
	57			熱帯魚の餌	(1+0くらい)			
				手フレて 餌をとって OUT				3+0
	58			点滅する青信号 手前に人. OUTしていく				
				未麻 小走りに 駆けて来て.				
				画面一杯まで 未麻				3+0

No. 21

10+0

マッド・ハウス

memo.

S.	C.	PICTURE	CAM	NOTE	DIALOGE	M.	E.	SEC.
								S. M.
	59			画面一杯から 客席の方へ 2〜3歩 飛び 出してくる未麻				(5+0)
				瞬く光る無数のストロボ				
			▲──── 客席PAN	おとなしめのファンからPANしていくと 前出のチームが異様なテンションで 叫んでる				
	60							
	61			歌う3人 同奏に入って れい寄子各々 左右にOUT	『みさみさみさ未麻リーン!』 『年ゴマかすみる未麻リーン!!』 『未ーー麻どーーん!!』 『ヒューヒューヒュ──!!』			(5+0)
				未麻 同奏の 振り付け				
					(OFF)旧所 「未麻はアイドル 女優に向いてるん だよ!!」			
				クルッと左へ 回る 未麻に照れてた ライトがカッと 光る				(10+0)

No. 22

(20+0)

A Part 41

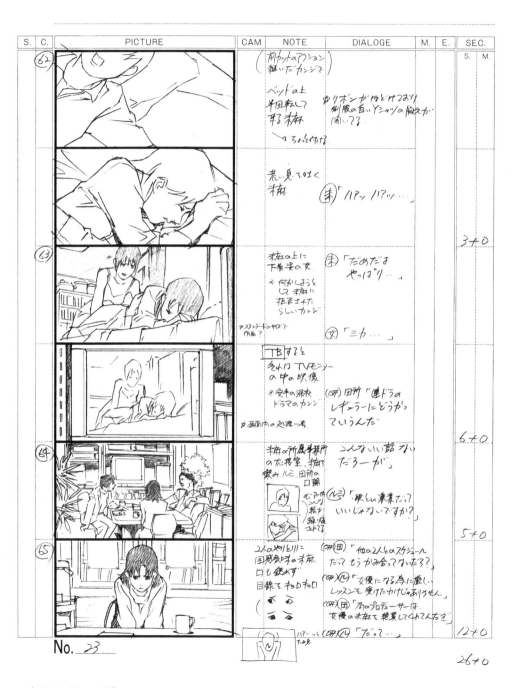

マッド・ハウス

memo.

S.	C.	PICTURE	CAM	NOTE	DIALOGE	M.	E.	SEC.
								S. M.
66				ルミの言葉に ハッとする 未麻	(OFF)ル「未麻の気持ちが ‥」			
				間あって 思い切って 何か言おうと 顔を上げかけて				4+0
67				Q.T.B 前カットで抱いた カンジで. 歌う未麻				
								(7+0)

No. 24

4+0
+(7+0)

A Part | 43

マッド・ハウス

memo.

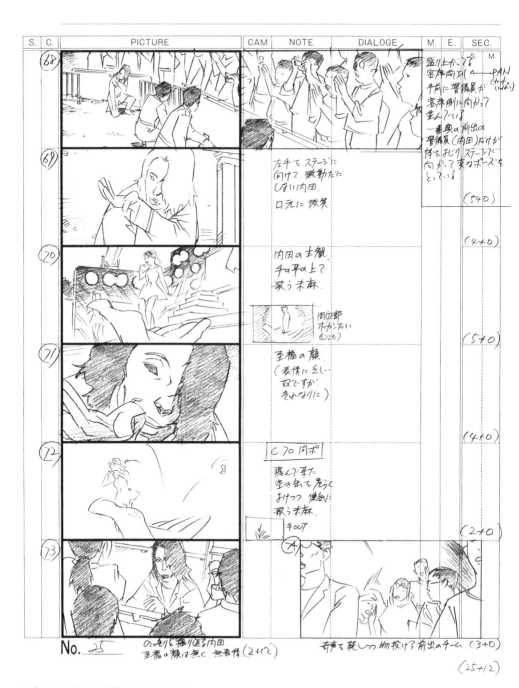

memo.

S.	C.	PICTURE	CAM	NOTE	DIALOGE	M.	E.	SEC.
	75			客席なめて のっそりと歩く 内田.				
				内田 OUT後 曲終わり 拍手				(6+0)
	76			拍手収まって. MC.	(れい)「ありがとう エー 楽しいコンサートも あと一曲となりました」 客席全体『エ――ッ』 手前の客「今来たばっかりー‼」 客席に笑い	一曲(1+0)		9+0
	77			前出のチーム リーダーらしき男, と気付くと	C.76の笑いこぼれる			
		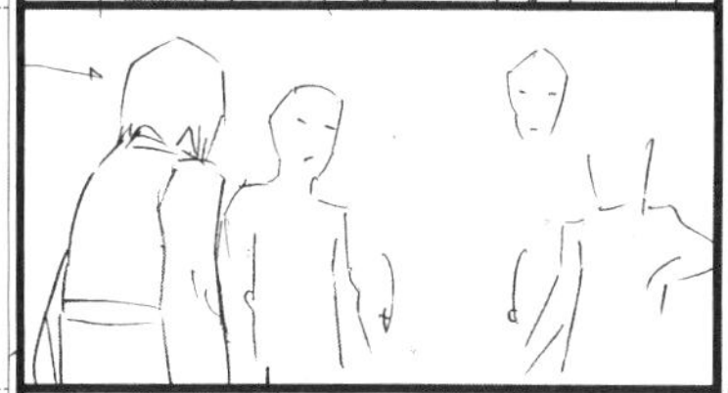		内田 IN 警戒する4人	(OFF)(雪子)「エッと‥			3+0
	78			C.76同ポ 引き続きMC 手前のファン (前出C.27) 顔見合わせ 「やっぱりね」ってカンジ	(雪子)「最後の曲の前に 皆に報告しなきゃいけ ないことがあります」			6+0

No. 26

18+0
+(6+0)

マッド・ハウス

memo.

S.	C.	PICTURE	CAM	NOTE	DIALOGE	M.	E.	SEC.
	㉗			浮かない表情の3人 間を取った呼び方 未麻のセリフで怒るように	(未麻)「えーと… 私 霧越未麻は チームの一員として (OFF)『ジャマなんだよ テメェ!!』 かぶるくらい			7+0
	㉘				驚く3人			
				チームのリーダーが内田の胸ぐらをつかみ揺さぶっている 傍観する他の客	⑰「オレたちが何したってんだよエ!?」 (言いつつ 突き放そうとするのを 羽交い締めにする)			
				バシッと一発 顔を殴り				
				すかざず 腹に一発				
				蹴りを入れようとして次メへ				6+0

No. 27

13+0

マッド・ハウス

memo.

S.	C.	PICTURE	CAM	NOTE	DIALOGE	M.	E.	SEC.
								S. M.
81			PAN	蹴り上げられる 頭口に付けて	(SE) ドガッ。			
				蹴り上げた足 一瞬見える				
				鼻血出し ガクッと首が 折れたところへ				
				更に顔面へ 一発	ゴギッ。。			3+0
82				(アフレコ)「バイトのくせに から口つけてんじゃ ねえよ 帰れよ バカ」 客席から (OFF)「おまえらこそ 帰れよ」				
				①「ーだとォ！」				6+0

No. 28

9+0

A Part 47

マッド・ハウス

memo.

S.	C.	PICTURE	CAM	NOTE	DIALOGE	M.	E.	SEC.
								S. M.
	23		(A-C2)	近くの客の胸ぐらをつかむ	①「誰が帰れだよア!?こら外道!!」 客「オ、オレじゃないよ」		4+0	
				空き缶飛んで来てリーダーに当たる	「カンッ!!」「デッ!!」			
					①「何しゃがんだよ出て来い今投げたヤツ!!」			
				缶やらゴミやらが2～3飛んで来る	客席「帰れ」「帰れ」			10+0
	24			飛んで来るゴミが増える	客席『帰れ!!』コールが盛り上がる			
				手近のゴミを拾って応戦する	①「キショォ!」		4+0	

No. 29

14+0

マッド・ハウス

memo.

S.	C.	PICTURE	CAM	NOTE	DIALOGE	M.	E.	SEC.
	85			舞台袖から 成り行きで 見てるルミと 田所	田「またあいつらか!」 -12kぐらい			
				振り返りつつ セリフ 田所OUT	田「イベントは中止だ!」 ル「だって!今日は…」 スイマセン!! 追加です。			5+0
	86 ⒸⒹ		Ⓐ Ⓑ	C.89の板で投げてるカット C.88の板で投げてるカット 喚きちらす客席 ゴミの投げ合い.	客「帰れ!帰れ!」 ⑰「ウルセェキショオ!」 「帰れ」コールの大合唱			Ⓐ 1+12 Ⓑ 1+12 Ⓒ 6+0
	87			叫ぶ未麻	「やめて!!」			0+12
	88			国おすチーム C.86Ⓑ同ポ	(SE) キーーーン ※マイクの残響音			1+12
	89			国おすオタク C.86Ⓒ同ポ 止メ	(SE) キーーーン			2+0

No. 30

18+0

マッド・ハウス
memo.

S.	C.	PICTURE	CAM	NOTE	DIALOGE	M.	E.	SEC.
	⑨⓪			C.86の同ポ シーンとする 客席 止メですが、C.86と 様の向きを逆にする ステージのち見てる	(州)未麻「……今日は」			S. M. 5+0
	⑨①			C.79同ポ	(未)「今日だけは皆と 楽しく過ごしたかっ たのに…」			4+12
	⑨②			C.86 ⑧ 同ポ 一応 未麻ファンなので 「した」と思うてるの 注意されたもんだから	(1+α 間) ⑪「たいして売れてねェ のに...ぶってんじゃ ねェよ」			
				と手に持った 空缶を投げよう として				4+12
	⑨③			IN気味。				
				パシッと 止める手				0+18

No. 31

14+1P

マッド・ハウス

memo.

S.	C.	PICTURE	CAM	NOTE	DIALOGE	M.	E.	SEC.
	94			リーダーの手を掴んでる内田 アゼンとする一同	⑴「…テメェ!!」			S. M. 3+0
	95			凄い形相で睨む内田 肩で息	⑷「フーッ フーッ…」			3+0
	96			C94同ポ	⑴「ンだよ! 気色悪ィ!!」			
				OUTしに行く 一行 手前の帽子の男 内田をまける様に	⑴「行こうぜ」			
				一行OUT後 少し間あって ステージを見やる内田			3+0	12+0
	97			未森 サスガに育ち悪く 謙虚				2+0

No. 32

20+0

A Part 51

マッド・ハウス

memo.

S.	C.	PICTURE	CAM	NOTE	DIALOGE	M.	E.	SEC.
								S. M.
	98			満足気な 内田の顔 ×もう少し寄りで				3+0
	99			皆への報告の 途中だったことを 思い出しパンと する未麻	㊉「あ…… あの エーと …実は私は 今日で…」			
				誰に話す？ 未麻(1+α) れい タくルト 未麻を見やって				9+0
	100			一寸前に出て	㊉「未麻ちゃんは 今日でチームを 卒業します」 ㊧「アアー			3+0
	101				㊧(「エーッ」って声 混じたがリ) ㊧(「ああ やっぱり」というカンジ でトーンダウン) ▲ PAN(もっと長く 2.5〜3秒) 震々早めフェアリング			5+0
	102			ザワついて？ 客席 客席 奥普引て (→ヒキ)	㊜(1+α〈い〉) ㊉「これまで 応援して くれたみんな ありがとう…チームを しての2年半…未麻は 本当に幸せでした」 (徐々 涙声になる)			9+0

No. 33

29+0

マッド・ハウス

memo.

S.	C.	PICTURE	CAM	NOTE	DIALOGE	M.	E.	SEC.
	103			C29同ポ 目に涙を溜めた 未麻 顔上げる	(未)「これからは 一人の新人女優と して頑張ってい きますので、皆も 応援して下さい」 (涙声)			7+0
	104			舞台袖から 覗くルミと田所	(未)「それじゃあ最後の 曲 聞いて下さい」 田所「フーッ」			6+0
				バラード・イントロ スタート				
	105			バラード歌う 未麻				(7+0)
	106			前出のファン ABC したり顔のB	B「まぁ 事務所としちゃ 当然だな」 A「アイドルじゃ儲からねー ってか？」 C「脱皮ってやつ？」			
				のっそりと内田 9N.				(8+0)
	107			呆然としてる カンジの内田 (九表様に乏しい やつです)				(4+0)

No. 34

13+0+(19+0)

マッド・ハウス

memo.

S.	C.	PICTURE	CAM	NOTE	DIALOGE	M.	E.	SEC. S. M.
	108			内田の見た目 バラード歌う 未麻				(9+0)
	109		O・L (3+0)	夕陽の差す 街並 左の棟には入っ てませんが、電車 走らせます				8+0
	110			住宅街 自転車に乗った 未麻 IN・OUT (日陰～日向) ～日陰.	(カラ 1+0)			5+0
	111			住宅街 細い道 自転車を押して 坂道上からアする 未麻 (日陰ではシルエット) 対向車来る (日向～日陰) ～日向				4+0
	112			道の端によけて 止める未麻 (日陰から日向～)				
				車 IN・OUT (日陰～日向～日陰) 後、未麻 OUT (日陰～日陰)				5+0

No. 35

22+0 + (9+0)
— (3+0)

マッド・ハウス

memo.

S.	C.	PICTURE	CAM	NOTE	DIALOGE	M.	E.	SEC.
㋐	113			未森のマンション前（カラ IN） 未森 INして 止まり自転車下りて。 奥へ。 車 IN OUT（自転車下りたくらいで。）				S. M. 5+0
	114			マンション階段 上がる未森 自室のドアの前で 止まり バッグから 鍵取り出すカンジ				6+0
	115			鍵あける未森 (SE) ガチャン ★ 鍵差し込むくらい から				
				ドア手前に 引く。				3+0
	116		T.B	前カットのマンション 抜いて、ドアが 中へ開き、未森が 出て来る				

No. 36

9+0

A Part | 55

マッド・ハウス
memo.

S.	C.	PICTURE	CAM	NOTE	DIALOGE	M.	E.	SEC.
								S. M.
	116			目所について未麻出て来る 登場 出待ちをしていたファンが騒ぐ				
			目所 OUT	未麻 後から雪子、れい ファンに笑顔で応える未麻	「未麻リーン!」「やめないで未麻クーン!!」等。			4+0
	117			口々に叫ぶファン 警備の内田 田所 OUTしてくと、未麻 IN	「未麻リーン」「また戻って来て未麻クーン!!」等。			
				笑顔の未麻 内田の方は見ずに OUT				
				無表情に未麻を見送る内田 雪子、れいもIN				3+0
	118			車に乗ろうとする未麻に手紙(黄色)を渡そうとするファン① 未麻 気付き…	ファン①「未麻リン!未麻リン!」			

No. 37

7+0

マッド・ハウス

マッド・ハウス

memo.

S.	C.	PICTURE	CAM	NOTE	DIALOGE	M.	E.	SEC.
								S.　M.
	㉒			外を窺いつつ ドア閉める	(12Kくらい止メあって) (SE) キィーーッ ガシャン			
				鍵かけて	(SE) ガチャン			
				溜息つく未麻	「フーッ」			6+0
	㉓			冷蔵庫 ドア開ける	(カラ1+0)			
				牛乳をドアの ポケットに収める 奥に手を伸ばしかけて 次カットへ				3+0
	㉔			買って来た物を 仕舞う未麻 シンクの中洗い 物溜まってる	㊟ ガーン、このチーズ もうだめじゃない！			6+0

No. 39

15+0

マッド・ハウス

memo.

S.	C.	PICTURE	CAM	NOTE	DIALOGE	M.	E.	SEC.
	125		キュッ キュッ キュッと みがって 1+0くらい そのまま見て カンジで OUT	バスルーム。浴槽にお湯を入れる。最初からお湯は出てます	(SE) ジャアアア (浴槽に当たる音)			3+0
		OUT						
	126			着てた上着をかける ※左の枚より もっとギッシリ無理に服をかけてるくらいで	(カ0+12くらい) 下にも服かかってます			3+0
	127			テーブルの上にファンレターをバサッと放る 未麻 IN OUT ※絵ヅラを C.138に変更し、同ポに	(C.118で言った黄色の手紙目つ木に)			3+0
	128			水槽の中の熱帯魚 ネオンテトラ1種類だけです				
				水面にポツポツと餌が落ちてテトラが群がる			(2+12)	4+0

No. 40

13+0

マッド・ハウス

memo.

S.	C.	PICTURE	CAM	NOTE	DIALOGE	M.	E.	SEC.
								S. / M.
	27			鏡上の絵かずいて？ 鏡に見入る 未麻 ※水槽と未麻 振りかぶり	(週)「ゴメンネ、昨日あげ なかったもんね」 1+0くらいね			5+0
	28			ベッド	0+12くらいね			
					(週)「バアーッ」 ドサッと倒れ 込む未麻 動き収まって 少し間 (1+0)				4+0
	29			未麻の部屋 (ひろく散らかった感じ) ※点灯してるのは 中央のペンダント ライトのみ				5+0
	30			化粧品.ヌイグルミ 雑誌 etc 参考に描く未麻				3+0
	31			スピーカー.花瓶 小物等ーひしめく TV台.中には CD.ビデオテープ ゲーム等が収まっ ている。 ※TV(テレビオ)には 多分ニュースで使えるアナウンサーの音				3+0

No. 41

20+0

マッド・ハウス

memo.

S.	C.	PICTURE	CAM	NOTE	DIALOGE	M.	E.	SEC.
								S. M.
	134			整理ダンスの上も FAXや小物で 占領されている				3+0
	135			壁に貼られた チャムのポスター				4+0
	136			ポスターをぼんやりと 見つめている未麻 (3+12〜1Bぐらい)				
				ふと起き上がり				5+0
	137			(AC?) 立ち上がって ポスターを はがし始める				

No. 42

12+0

A Part 61

マッド・ハウス

S.	C.	PICTURE	CAM	NOTE	DIALOGE	M.	E.	SEC.
	⑬			丸めながらポスターの中の自分に話しかける　首ちょっとかしげる	㊔「長い間お疲れ様でした」←左の絵よりもうちょっと前で一旦止まってセリフ、セリフ後再び巻き始め？			8+0
	㉮			×127同ポ　バサッと紙袋の中に放られるポスター　更にピンナップ・パンフレット等が投げ入れられる	(カラのくらい)　㊔(OFF)「アイドルの未麻とはサヨウナラだ」　バサバサッ			
				未麻 INしてテーブルの上のファンレターを取る。				
				ガサガサッと開封してるらしい音　物ぐさい？ベッドに腰を下ろす				8+0

No. 43

16+0

マッド・ハウス

memo.

S.	C.	PICTURE	CAM	NOTE	DIALOGE	M.	E.	SEC.
								S. M.
	㉟		(AC2)	ベッドに座り手紙を読む未麻。手紙の内容に応えるように一人言				
					③「ずっと歌い続けて下さい……か」			
					「そうはいかないのよね、これが」			8+12
	㊵			手紙を替えると前出の黄色の手紙				1+12
	㊶			"いつも未麻の部屋覗いてるからね" というセリフを思い出して不憫に見る未麻 → ちょっと横引 手紙取り出す指がトモ便箋開けながらIN 目で読んでいくと	4×0くらい このあたりから 微かにT.U.			

No. 44

10+12

memo.

S.	C.	PICTURE	CAM	NOTE	DIALOGE	M.	E.	SEC.
	↓ (141)			怪訝な顔になって…	(ま)「……未麻の部屋を見るのを いつも楽しみにしています……未麻の部屋にリンク張りました……何なこれ？」			
				手紙の内容を不審に思い、窓外に目をやる未麻	(FIX 6+0 TU 9+0			15+0
	(142)		(A・C)	窓の外、ほぼ陽も落ちて マンションの明かりが目立つ。→飛行機の音が通り過ぎる 街の音と、TVの音声が微かに聞こえる (かなり間があって)(5+0)				
				突然、(あたり前だが)電話鳴る。 ハッとなる未麻	(SE) プルルルルルル!!			
				電話(子機)まで いざっていって 取ろうとするが 一度ためらい、窓外を見やってから	プルルルルルル			
		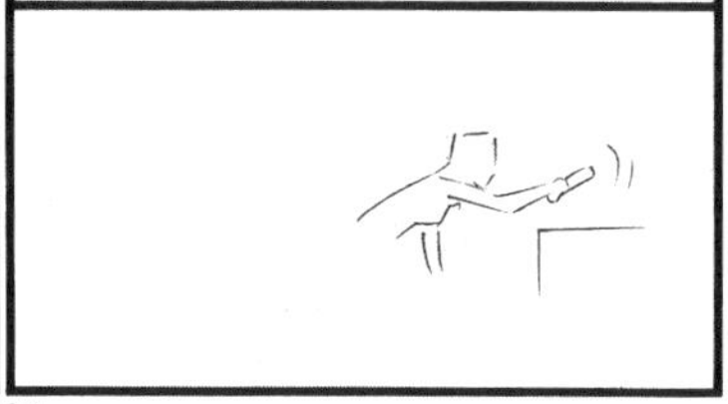		パッと取る。				13+0

No. 45

28+0

マッド・ハウス

memo.

S.	C.	PICTURE	CAM	NOTE	DIALOGE	M.	E.	SEC.
								S. M.
	143			体をこして 不安気な表情で	(1+0くらいあく) ㊇「はい……」			
				パッと表情 明るく なる	㊍(OFF)ああ 未麻 おったと？ ㊇「あ、お母さん！」			5+12
	144			リラックスして 話す未麻	㊇「ウン、元気元気 そっちは？…… あ を－。 エ？ うん、今日が 最後やったと。 取はもう 取れんよ。」			9+0
	145			母親の話に "すがたが"という 顔になる未麻 "やんやん……"と いうカンジで	(OFF)㊍「あんたが 歌手になりたい言うた のにねェ」 ㊇「だから チャンスなんよ」 (OFF)㊍「今じゃ当、 新曲 出すので 楽しみにしとる のに！」 未麻 うんざりして 母親のセリフの ラストに ひっかぶせて ㊇「お母さんたちは この 業界のことは 分からんとって」 (OFF)㊍「取が取り柄 やったほうと？」 ㊇「アイドルはもう 見苦しいんよ それに、今はアイドルなんか ……あ、㊍」			17+0
No. 46				キャッチフォンの呼び 出し音 ×3	電話 入った」			14+12

A Part

マッド・ハウス
memo.

S.	C.	PICTURE	CAM	NOTE	DIALOGE	M.	E.	SEC.
								S. M.
	145			*受話器の ボタン 押して	(SE) ピッ (未)「はい 霧咲ですけど」			
				反応がない	「もしもし」			2'+0
	146			未森UP. 相手の間違い だけが聞こえ 怪訝な顔に なる	(2+0) 「もしもし!」			5+0
	147			C144 同ポ	(未)「もッ!」 (SE) ピッ (未)「あ、お母さん? …うう、なんか 間違い…うん…」			
					(SE) ピーピーピーピー (お風呂の 見張り番の音) (未)「あ!ちょっと待って 5分したらかけて!」			
				(コードレスでは ありますが) 電話切って バスルームへ				11+0

No. 47

4'+0

マッド・ハウス

memo.

S.	C.	PICTURE	CAM	NOTE	DIALOGE	M.	E.	SEC.
								S. M.
				バス・ルーム 蛇口をひねる 未麻 水の音・F.O. 電話の呼び出し 音が小さく聞こえて来る	(SE)ジョオォォ (SE)トゥルルルル			
				未麻、気付く？	「もォッ！お母さん たら」			4+12
	⑭			タンスの上の 電話機 (FAX) 文字盤 発光	(SE)ピーッ			
				FAX ズルズルと 出て来る。	(SE)ズズズ…			4+α
				未麻INして 近寄りながら FAXの前まで 来る	(未)「ファックスが 誰だろ？」			6+0
	⑮ (A)		AC シズ	ハッとなって 立ち止まる未麻	(SE)ズズズズズ (FAXの音)			5+0

No. 48

15+12

A Part | 67

マッド・ハウス

memo.

S.	C.	PICTURE	CAM	NOTE	DIALOGE	M.	E.	SEC.
								S.　M.
150	B			雑誌·新からの切り抜き文字で書かれた(なるべくびっしりと)紙がSせFAXズルズル出て来る(スライド)	(SE)ズズズ...			5+0
150	C			C.150同ポ! 寄りサイズ·国サれた文字の未麻 FAXのカット音(SE) 終了音	(SE)ズズズ... ジィーー プーー			
				ハッと窓外に目をやる				5+0
150	D			(A.C) 外から見た未麻の部屋 カメ頭引き T.B 次カットヘ OL				10+0

49

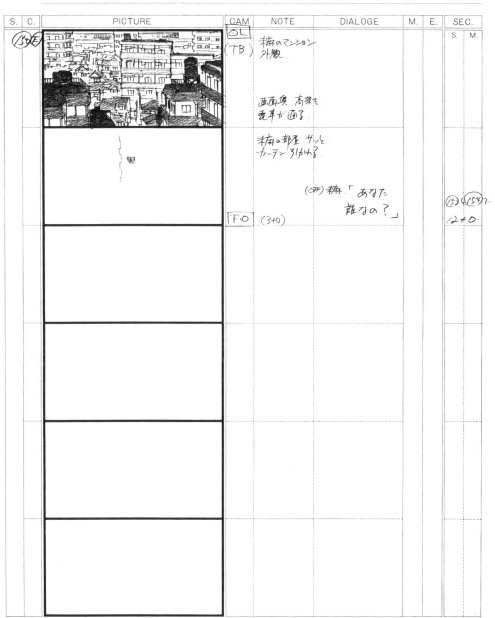

マッド・ハウス

memo.

S.	C.	PICTURE	CAM	NOTE	DIALOGE	M.	E.	SEC.
								S. M.
	(151)			セリフの練習をしている未麻 ※役柄の衣装の上に上着を羽織ってます 髪型も役柄に合わせてます	※衣装 髪型等 田舎くさいカンジがすると良いのですが			
				顔を上げ	(未)「あなた 誰なの？」			
				もう一度（少し違う言い回しで）	「あなた…誰なの？」			
				台本に目を落とす				6+0
	(152)			撮影所の片隅に居る未麻とルミ	一台が何かで運ぶ人 横切る			
				顔を上げ練習してる未麻 カメラマンIN してくる				5+0
	(153)			本番を待つスタッフ 中央のカメラマン カメラの位置 調整				

No. 51

11+0

マッド・ハウス

memo.

S.	C.	PICTURE	CAM	NOTE	DIALOGUE	M.	E.	SEC.
	153			クレーンカメラ 降りてる。(右端の人が 下げる)				4+0
	154			マイクの微調整 してるらしき音声 さん				
				女性スタッフ 横切る				3+0
R	155			主役の2人に 指示してるAD				4+0
	156			警察署ロビー のセット				
				ハンディカメラで 下げた人通っ たりする	(OFF)森「ねェ ルミちゃあん」 (甘えたカンジで)			4+0

No. 52

11+0

A Part 71

マッド・ハウス

memo.

S.	C.	PICTURE	CAM	NOTE	DIALOGE	M.	E.	SEC.
								S. M.
	157			例の黄色の手紙(OFF)を見てるルミ	未麻「判った？ それェ」			
				大きく欠伸するルミ	(ル)「ファーアアッ」			
					(2+12)			
					(ル)「これ、インターネットのホームページだよ」			7+0
	158			未麻、手紙を受け取りつつ	(未)「ああ、最近流行ってるあれ？」			
				コーヒーすするルミ	(未)「で…何なの？ それ」			
					(ル)「んー、何て言ったらいいのかな… パソコン通信みたいなものなんだけどさ」 (未)「それで…？」			
				手紙を覗き込んで	(ル)「この、未麻の部屋にリンク張ったってことは、この未麻の部屋ってのがホームページの名前なの」			7+0

No. 53

マッド・ハウス

memo.

S.	C.	PICTURE	CAM	NOTE	DIALOGE	M.	E.	SEC.
								S. M.
	158			元気よく答える 林	(林あっ?) ㊚「…さっぱり?」 ㊚「うん、さっぱり!」			
				手前 大きく AD.PANして (マルチボケ)	㊐「はーい」			22+0
	159			撮影現場フカン PAN UP + TB ※歩いてくADを追い越して PAN UP	㊐「お待たせ しましたー それじゃ本番 行きまーす」			
								5+0
㊁	160			水を打ったように 静かになる スタッフ クレーンの高さ 徐々に上がる				3+0

No. 54

27+0

A Part | 73

マッド・ハウス

memo.

S.	C.	PICTURE	CAM	NOTE	DIALOGE	M.	E.	SEC.
	(161)			本番の合図を待つスタッフ 止メ				3+0
	(162)			カメラのファインダー内、主役の2人 止メ	(OFF)恵利「クッフッフックッフ」			2+12
	(163)			恵利と桜木 本番寸前でもリラックスしてる2人	恵「ちょっと笑わせないでよ」 桜木「勝手に笑ってんじゃん」			4+0
	(164)			ADなめてセット	AD「はい 5秒前 …4」			3+0
	(165)			C163同ポ 正面に向き直り	(OFF)AD「…3…」			
	(166)			頭を上げると役に入ってる2人	「…2」 ラスト 歩き出して			3+12

No. 55

16+0

マッド・ハウス

memo.

S.	C.	PICTURE	CAM	NOTE	DIALOGE	M.	E.	SEC. S. M.
	166		FOLLOW	ゆっくりとした足取りで歩く2人。同じ速度でFOLLOWするカメラ ※260m程度	㋐「殺されたリカの妹が来てるんですが会います？」			
				言って立止まる恵利 桜木、振り向いてフワ、止まりかけてズカットへ	㋿「山城君…」			7+0
	167			立止まる山城（桜木）	(1+0) ㋿「犯人がどうして被害者の皮を剥ぐか分かる？」			
				窓の外を眩しげに見やる瞳子(恵利) 恵利の方に向き直り	㋜「エ？……あの、そういうのに性欲を感じてるんじゃ…」㋿「…なりたいのよ」㋜「何に、ですか？」			14+0
	168			瞳子 寄り	(1+0ぐらいか) ㋿「女に それとも……」			
				ポーズ状態で不自然な間(2+0)				
				スタジオ内のスピーカーから監督の声 その声にホッと力を抜く恵利	㋺監督「はい、4エッ ク〜」			7+0

No. 56

28+0

マッド・ハウス

memo.

S.	C.	PICTURE	CAM	NOTE	DIALOGE	M.	E.	SEC.
								S. M.
⑤	169			C.167同ポ 大きく息をつく 未麻と、自分の 肩にもつ 桜木	(未)「ハアーッ」			
								7+0
	170			セットの方を 見ている 未麻 とルミ 未麻 憧れの 眼差しで	★奥にあるモニターに、C.167,168の 内容リプレイさすてみる (止メモーもいけるか？) (ル)「やっぱり落合亮利 さんて、すごいねェッ カメラ回ると 全然 別人に なっちゃうんだもんねぇ」			
	171			AD 片手を 上げて 未麻に 合図	(OFF)監督「はい OK」 (OFF)AD「じゃあ次シーン 32行きまーす」 AD「リカの妹 入って—」			12+0
				未麻 立ち上がり つつ 元気よく 返事	(未)「あ、はーい」			
				1~2歩 歩で、 上着を羽織って たのに 気付く？	(未)「あ」			
	172			IN気味				5+0

No. 57

17+0

S.	C.	PICTURE	CAM	NOTE	DIALOGE	M.	E.	SEC.
								S. M.
	172			ルミに 上着を 渡す.	囲「持ってて」			
					ⓁⓂ「緊張は？」			
				OUTしつつ セリフ	囲「少し！」 (3+12～4+0)			
				見つくカンジで止め. (2+0～)				
				ルミ, 台本に 目をやる.				
				(0+12くらい 止めあり？)				8+0
	173			台本 林のセリフの ページに 付箋 紙が貼ってあり 蛍光ペンで チェックが入って	ⓁⓂ「たった一言じゃ 緊張しようもないか……」			
								4+0
	174			呆れ顔で 台本見てるルミ タニへ田所 近づいて来る (ほぼシルエット から)				

No. 58

12+0

A Part | 77

マッド・ハウス

S.	C.	PICTURE	CAM	NOTE	DIALOGE	M.	E.	SEC.
	174			セットの方見ながら歩いて来るセリフ。ルミ顔を上げ（付けてPAN UP）ルミのセリフの途中に田所立ち上がるカンジ	(田)「どう？ うちの女優は？」(ル)「田所さん ちょうどこれから」			6+0
	175			警察署ロビーのセット内ベンチに座りADの指示を受けてる未麻				
				未麻のえて言み込むAD（OUT気味に）				4+0
	176			未麻 寄りブツブツと動かしセリフを繰り返す	(未)「あなた 誰なの？‥‥‥あなた 誰なの？」			
				ふっと上を仰ぐ	あなた‥‥			5+0

No. 59

15+0

マッド・ハウス

memo.

S.	C.	PICTURE	CAM	NOTE	DIALOGE	M.	E.	SEC.
								S. M.
	177			天井のライト (蛍光灯)				3+0
	178			C.176.同ポ と、気付く未麻				1+12
	179			桜木と恵刈が 未麻の方を見ながら ADの指示を聞いてる 桜木が何かしゃべり (口パクのみ.セリフなし)				
				ウけるう3人				4+0
	180			C.176.同ポ 自分のことを 笑ってると思い 恥ずかしくなって 顔を背ける未麻				3+0
	181			→PAN→ (フェアリング) 未麻の方を見てる エキストラ.(止メ) 不倫伏せうな顔に 見える				2+12

No. 60

14+0

マッド・ハウス

memo.

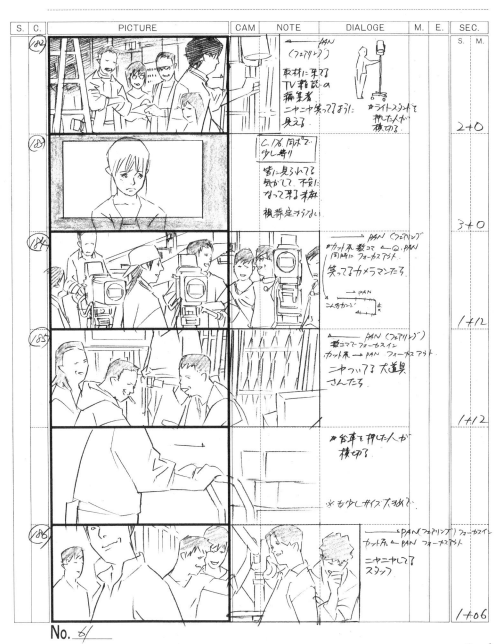

マッド・ハウス
memo.

S.	C.	PICTURE	CAM	NOTE	DIALOGE	M.	E.	SEC.
	⑲1			ライトなど セットの中の 未森、フカン				S. M. (9+0〜12)
				スタッフが挨拶 右手から2人の 人物(手嶋と 渋谷)IN	㊙「お早うございっ」 ㊙「お早ようッス」 ㊛㊗「お早ようッス」			8+0
	⑲2			セット内の挨拶 東利、AD (IN気味で) 手嶋(プロデューサー)を少し遅れて 渋谷(脚本家)する AD,手引っ高所に あげる 手嶋前がかり (近づいて耳打ち)	㊛「どーも」 「どーも、お早よう ございます」 ㊃㊛㊗「お早ようござい ます」 ㊗「あら、渋谷先生も」 ㊛「ども、東利さん、調子は どうですか?」			9+0
	⑲3			東利と渋谷 背の低い渋谷に 身をかがめるように して、ワざとらしく ワざとらしく 困惑気味で 一転して明るく 子供のように	㊗「センターセリフ 難しい過ぎ、私もう やだ」 ㊛「そう言わないでよ」 ㊗「でもストーリーは 超面白い〜、私こういうの 好き」 ㊛「うまいなぁもう」 ※日常的な内容の ない挨拶みたいな セリフ ㊙㊛「東利さん」			13+0

No. 83

30+0

マッド・ハウス

memo.

S.	C.	PICTURE	CAM	NOTE	DIALOG	M.	E.	SEC.
	194		東利/手嶋 視点	C.192同ポ 手嶋、手紙の束を 手にしている。	手「局の方に こんなに 来てました、ファンレター」 男「あ！ありがとう ございます」			
				東利 左手を 見やって	「黒川さん？」			7+0
				付人がファンレターを 受け取る （東利に呼ばれて向けた INして下さい）				
	195			ファンレターの中 一番上に、抹茶 宛の手紙 （原寸の科白） ★可愛い気な大字だと ヨロシイのですが	手「っと、これは 貰うね」			
				その一通を取る 手嶋				3+0
	196			C.192同ポ 付人OUT （LAYOUTはラフに 側に控える感じでも いいかと…） 手嶋、夜探して 歩き出し OUT	手「それじゃ、よろしくお願いします」 男「そうだ、先生！ 教えて下さい 犯人は 誰なんですか？」			
				ヘラッとした笑顔で 落合 歩き出し OUT	落「だめだめ、それは あとのお楽しみですから」			11+0

No. 64

2+0

A Part 83

memo.

S.	C.	PICTURE	CAM	NOTE	DIALOGE	M.	E.	SEC. S.	SEC. M.
	197		FOLLOW	並んで歩く 手嶋と渋谷 ＊歩きゆっくり	(1+12〜2+0) 手「けど、どうするかねェ犯人。やばいよォ そろそろ決めないとさァ」				
		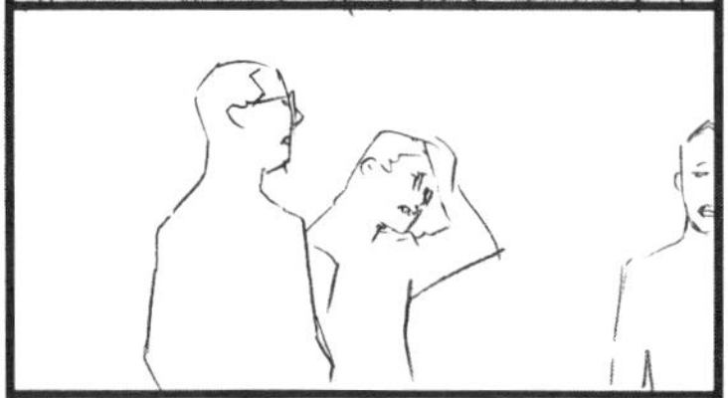		頭掻く渋谷 歩いていくと 2人の向こうに 田所が見えて来る	渋「うーーン」				
			(FOLLOWスピードDOWN)	田所 並んで 2〜3歩歩く 渋谷、田所 止まり	田「お早ようございます〜 手嶋さん 渋谷先生」				
				手嶋のみ遅れて 立ち止まりかけて 次カットへ	手「あ、どーもォ」			13+0	
	198		(ACで)	手嶋立ち止まり 田所の方に体ごと 向き直り ルミ、お辞儀しつつ IN	手「いやぁ、未麻ちゃん 評判いいよ、局内でも」				
				頭を掻きながら 中途半端な笑顔で やーんわりと抗議する田所	田「それにしては ちょっとセリフが 少ないような…… なんて ハハハ」			9+0	

No. 65

22+0

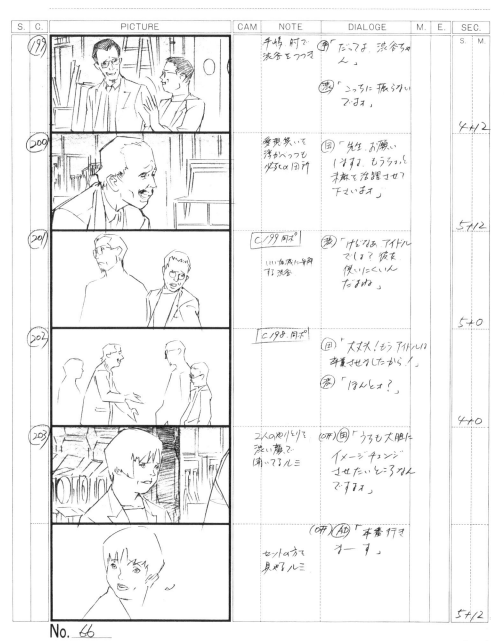

マッド・ハウス

memo.

S.	C.	PICTURE	CAM	NOTE	DIALOGE	M.	E.	SEC.
	204			セットの方を見る4人 セット内に未麻が小さく見える ※ルミ 前カットよりACRで。※田所 渋谷も振り向く(途中から)※手嶋は最初からセットの方見てる				S. M.
				手嶋 前出(C.193)の手紙を田所に差し出す 振り向く田所	(手)「そうだ、これ未麻ちゃん宛」 (2+0~)			5+0
	205			シルエット気味のスタッフ3人の奥 セット内の未麻 及川 桜木 ※リラックスしてる及川 桜木と対照的な未麻 ※桜木 ロパク有り				3+0
	206			未麻 寄り ロの中でセリフ(「あなた 誰なの?」)をつぶやいてるカンジ 居眠りだしたら寄り				3+0
	207			ADのチアップ	(AD)「はい 5秒前」			1+12
				※準準時(C.206同様で)インサート	(OFF)「...4」			1+0
	208			受け取った手紙を開封する田所	(OFF)(AD)「...3」			1+12

No. 67

15+0

マッド・ハウス

memo.

S.	C.	PICTURE	CAM	NOTE	DIALOGE	M.	E.	SEC.
	208			麻アップ。(OFF) AD「…2…」 ※口元緩める				1+12 S.M.
	209			瞳子(東刊)ひかり? 陽子(麻) 顔上げて セリフ言おうとした(途端) 爆発音 (SE) バーン!! — (1+12)				3+12
	211			振り向くスタッフ (①①が振り向くの受け所から、他は本物から向いたカット)				1+12
	212			スタッフ(211にほぼ同じなめ) ルミ・田所・手島・渋谷 田所が開封した手紙が 爆発した余韻 白煙が上がり 紙片が舞っている スローで倒れる 田所 倒れ切ったあたりで ノーマルに戻る —(2+0) 麻立ち上がり(東)「田所さん!?」 IN				

No. 68

6+12

A Part 87

マッド・ハウス
memo.

S.	C.	PICTURE	CAM	NOTE	DIALOGE	M.	E.	SEC.
	②			タッと一歩出る				S. M. 4+0
	②		千場	倒れている田所に駆け寄るルミ 舞う紙片				
					④「田所さん!」			
				未麻 INして 田所の傍に しゃがむ				3+0
	②			抱きかかえ 血だらけの田所 血にビビる未麻 紙片 舞ってる	④「ヒッ……」 ④「田所さん!!」			
				田所、恐る恐る 手と顔を上げ 指を動かす 血まみれだが 指は5本とも 残っている	④「あ…ああ」			

No. 69

7+0

マッド・ハウス

memo.

S.	C.	PICTURE	CAM	NOTE	DIALOGE	M.	E.	SEC.
								S. M.
17	214			ホッとする田所	田「大丈夫だ…」			9+0
	215			ホッを見きつく未麻。 ★紙片あり	④「誰か、救急車 …救急車を!!」			3+12
	216			呆然としてる 牛嶋と渋谷 ★紙片あり	(0+18~1+0) ⑲「これは一体…」 ⑯「手紙が爆発したん じゃないの!?」			5+0
	217			C.215同ポ(?) セリフなし 未麻の目の前で 大きめの紙片が 落ちてきます。(田所の向こうにOUT) 気付く未麻。	④「誰か救急車 救急車を!!」			4+0
	218			血痕さりに 出する紙片 ☆"警告"と"次"と "本物"の大字がはっきり読める	少し血が染み出てくる			4+0
	219			凍りつく未麻				7+0
			O.L	(3+0)				

No. 70

29+0
(-3+0)

A Part

マッド・ハウス
memo.

S.	C.	PICTURE	CAM	NOTE	DIALOGE	M.	E.	SEC.
			8.L	(3+8)				S. M.
	220			街の夜景 ※スンマセン 左の枠に入ってませんが、電車走らせます	遠くにパトカーのサイレン			7+0
	221			麻の部屋に置かれたパソコン		(2+12)		
				ルミ.INして 何かコードを繋いでいる	(SE)ゴソゴソ カチャカチャッ			
				作業終わり 一歩出て				
								9+0
	222		(A.C?) 立つルミ ベッドの上に クッションかかえた 麻 拍手	⑫「これでOKよ」 ㋰「ルミちゃんすごーい」 ⑭「このオタ オンラインサインアップしちゃうからね」				

No. 21

16+0'
-(3+0)

memo.

マッド・ハウス

S.	C.	PICTURE	CAM	NOTE	DIALOGE	M.	E.	SEC.
								S. M.
	222			ルミ、キーボードを打っている	(未)「エ?…ウン…」 (SE)カタカタカタ			11+0
	223			クッション抱えた未麻 キーボードの音(OFF)聞こえてる	(未)「ねェ ルミちゃん どう思う?」 (ル)「何が?」 (未)「こないだの、アレ」			6+0
	224			ルミ、キーボード打ちながらモニターに見入ってる。未麻の質問に素気なく答えて欠伸する	(ル)「ああ…」 (SE)カタ カタカタカタ (ル)「えっと クレジットカードは、と」			6+0
	225			C.223 同ポ 少し身を乗り出してる	(未)「やっぱり警察に届けた方がいいんじゃない?」			3+12
	226			C.224 同ポ モニター見つめながら	(ル)「仕方ないでしょ 田所さんが届けてるって言うんだもん」 (SE)カタ…カタカタカタ…			5+0

No. 72

31+12

A Part 91

マッド・ハウス

S.	C.	PICTURE	CAM	NOTE	DIALOGE	M.	E.	SEC.
	㉗			C.223同ポ 納得がいかない未麻	(内) (未)「でもねぇ… もしかしたら私が 危なかったわけ では？」			S. M. 5+0
	㉘			ルミ、未麻の方を 見やって	(ル)「大丈夫ッ ただの イタズラだってば。 事い目所さんの怪我も 軽かったし、未麻は そんなこと気にしないの」 (未)「……うん」			
				ルミ、明るい調子 で、 乗り出す未麻	(ル)「それより、未麻 説明するから、聞いてね」			14+0
	㉙			パソコンのモニター 様々なソフトの アイコンが並ぶ メニュー画面 マウスのアイコンが "NETSCAPE"を クリックして立ち上げる	(OFF) (ル)「これが ワールドワイドウェブを見る ブラウザ。これをダブル クリックして立ち上げるの」 (OFF)(未)「ダブルクリック？」			8+0
	230			ルミ、未麻を見て 困り顔で、 未麻仲けない顔で	(ル)「読んでどうする のよ？」 (未)「だって…」			
					(ル)「で、ほら、この LOCATIONってとこに URLを入れるの。 難しくないでしょ？」			

No. 73

27+0

マッド・ハウス

memo.

S.	C.	PICTURE	CAM	NOTE	DIALOGE	M.	E.	SEC.
								S. M.
	230			林 クッション 抱えてる方向に 揺れるから	木「う〜 お願い ルミちゃん 日本語で 説明してェ〜」			13+0
	231			カット いっぱい TB ほのぼのとした 2人の後姿	ル「しょうがない子ねェ 何にも 知らないのに パソコン 買うなんて…」 木「だってェ…」 (幾斗 FO気味)			7+0
	232		(3+0)	マンション 通路. 間あって 鍵で開ける音が して ドアが開き ルミ 出てくる. 林	(SE) ジャラジャラ ガチャン ル「ね とにかく 自分で いじってみな」 木「うん ありがとう」 ル「あんまり 遅くまで やってちゃだめ だよ. 明日は 朝 7時だからね」 木「ルミちゃんも 幾ちゃんと 寝るん だよ」 ル「ハイハイ」			
			(17+0)	ルミ 去り ドア閉める				

No. 74

20+0

S.C.	PICTURE	CAM	NOTE	DIALOGE	M.	E.	SEC.
232			ドア再び開き ゴミ袋を手に 未麻出て来る	㊤「ルミちゃーん お願ーい」 ㋐「ハイハイ」			22+0
®233	(未定)		C.229.同ポ パソコンモニター内 "NETSCAPE" 画面に立ち上がって	(OFF)㊤「さて…ここに この暗号を入れる と」			
			雨ダレのように 断続的にキー ボードを叩く音が 聞こえてくる。	「h…て…P… …の…」			10+0
234	http://www.		テーブルの上の 前出の黄色い ファンレター	(OFF)㊤「h…て… …P…の」			4+12
235	(未定)		パソコンモニター内 寄り URLの入力終わる リターンキー押下	(OFF)㊤「こ・し・こ リターンキー… よし」			
			「IDOL通信ON WWW」が 現れる。	(OFF)㊤「あ、何か出た」			6+0

No. 75.

32+12

マッド・ハウス

memo.

S.	C.	PICTURE	CAM	NOTE	DIALOGE	M.	E.	SEC. S. M.
	236			パジャマ姿で パソコンに向かっている未麻	(未)「私もなかなか やるじゃない」			
					「それで……と」			5+0
	237	(未定)		モニター内 (OFF)(未) "未麻の部屋" の文字をクリック	あったあった			3+0
	238	ようこそ未麻の部屋へ		"未麻の部屋" 現れる 写真の未麻 同じパジャマで ある				2+0
	239			面喰らう未麻 眼鏡上に や	(未)「エエッ?」			3+0
®	240	アイドル お部屋り探偵団 緊張 未麻さん		壁に貼られた 雑誌の切り抜き アイドル雑誌に 未麻の部屋が 紹介された時の 記事				3+0

No. 76

13+0

A Part | 95

マッド・ハウス

memo.

S.	C.	PICTURE	CAM	NOTE	DIALOGE	M.	E.	SEC.
								S. M.
	㉔1	(未定)		モニター内 HP."未麻の部屋" "日記"の項目 をクリック				
				"未麻の日記" が出てくる	(OFF)㊀「何？… モオサイアク！ 振りは間違う 歌詞は 忘れる 皆に申し訳ないヨ！			10+0
	㉔2	皆に申し訳ないヨ！ 今朝の電車で 左足から下りたのがケチのつき始め ヨ！電車とおフロは右足から、って決めてんのに！						
				モニター内 HP.寄り	→PANして →パッと戻って →PAN	(OFF)㊀「今朝の電車で 左足から下りたのがケチの つき始めヨ！電車とおフロは 右足からって決めてんのにィ！ ハッハッハ」			9+0
	㉔3			C.239同ポ ウケてる未麻	㊀「ハッハッハ よく知ってる じゃない 何コト〜！」			4+0
反	㉔4	芸能人やっててヨカッタ・PART38！ 今日撮 影所で、名奉行の人とスレ違ってしまった♡ 超カ ゲキ！ おばあちゃんに言ったら腰ヌかすかもし んないヨ！						5+0
	No. 77		モニター内H.P.	→PAN.	(OFF)㊀「芸能人やっててヨカッタPART38ィ？」			

23+0

マッド・ハウス

memo.

S.	C.	PICTURE	CAM	NOTE	DIALOGE	M.	E.	SEC.
								S. M.
⑫	㊸			撮影所廊下歩く未麻 ← Follow 前方の役者に未麻気付いて緊張気味	(OFF)㊟「今日撮影所で名高所の人とスレ違っちゃった♡ 超カンゲキ!!」			
				時代劇の役者に挨拶『おはようございます』				
				喜びのガッツポーズストップモーション	(OFF)㊟「ああ… そういえばあったっけ…」			10*0
	㊺	ⒶⒷⒸ		Ⓐセンター入.H.P.日記→PANさせ院に撮りしたろう?写真(木で酔い) Ⓑ同.写真カラオケBOXの未麻(いい調子) Ⓒ同.写真帰りの車の中から手を振る未麻(すっかりいい調子)	Ⓐ(OFF)㊟「今日は未麻の21回目のバースデイ…雪子とれいと事務所の人達がパーティしてくれて 最高ってカンジ…」 (未.内容の正確さに気付き 日記を読む未麻のテンションが下がってくる)			
								10*0

No. 78

10*0

A Part | 97

マッド・ハウス

memo.

S.	C.	PICTURE	CAM	NOTE	DIALOGE	M.	E.	SEC.
								S. M.
	㉞			C.239 同ポ T.U.スタート 段々不審に 思い始める 未麻 #BGノーマルとボカ したやつでOL	㊩「今日は帰りにいつもの スーパーで買物。 ミネラル ウォーターに 牛乳……」			6+0
	㉘ Ⓐ			Ⓐ C.55 Ⓑ C.56 をインサート Ⓒ C.57	(叫)㊩「……牛乳は やっぱり牛印よね… このくらいの ゼータクは許そう それから大豆か			
	Ⓑ			#日記読で 未麻のテンション ぐっと下がって 来る。	テトラちゃんたちの 餌……」			
	Ⓒ							8+0
	㉙			C.239 同ポ T.U. C.247より 更に寄る #BG ボケた1	㊩「5月12日…… 落合東利さんの 演技にカンゲキ…			6+0
	㉚	カメラが回ると別人みたいなんだよ！ ができるようになるがサ。。。でも						2+12

No. 79　　　　　　モニター内. H.P. 日記. (叫)㊩「カメラが回ると別人……」
　　　　　　　　　　　　　　　(途中で読むのをやめる)

22+12

98　今敏　絵コンテ集『PERFECT BLUE』

マッド・ハウス

memo.

S.	C.	PICTURE	CAM	NOTE	DIALOGE	M.	E.	SEC. S. M.
	251			未麻アップ あまりの詩細さに恐しくなる未麻	未「何よこれ… どうしてこんなに…!?」			3+0
	252			モニター内 H.P "今日の一言" をクリック ※ノイズ混じりの音で	※本来はDOWN LOADの時間が必要かもしれませんが、もたつきたくないで… パソコン(未麻の声) 『あんた 誰なの?』			2+12
17	253			呆然とする未麻 奥のカーテン 風に揺れる	(P)『……あんた 誰なの?』			3+0
	254		TB	パソコン	(P)『あんた 誰なの?』			2+12
	255			モニターに 向かった まま 固まってる未麻 カーテンが 風に大きく揺れる	(P)『あんた 誰なの?』 『あんた 誰なの?』			5+0

No. 80

13+0

S.	C.	PICTURE	CAM	NOTE	DIALOGE	M.	E.	SEC.
								S. M.
	256			前カットの動きで続いて揺れるカーテン (マルチボケ)				
				カーテンの向こうにモニターで凝視したナオの未麻	⑲『あんた誰なの?』『あんた誰なの?』			
								7+0
		7						

No. 81

7+0

マッド・ハウス

memo.

S.C.	PICTURE	CAM	NOTE	DIALOGE	M.	E.	SEC.
257			C.210 同ポ 前カットのカーテンの動きを遮ぐカンジで マルチボケで人がまぎる	(SE)受付ロビーのがやがや した者下げ			4+0
			陽子(梅)と 瞳子(恵利)	(恵)「あなた 誰なの?」			
258			陽子(梅) 山城(桜木) 瞳子(恵利) 警察署ロビー 立ち上がる陽子(梅) ←T+2 PAN UP	(恵)「私は精神科医の 麻宮瞳子 亡くなったあなたの お姉さんの主治医 だったの。それで ちょっと聞きたいことが あるんだけど…」			
			会話してる3人の 向こうを走って いく男 一旦OUTして				
			すぐにまたIN して。	(男1)「山城刑事!」 (※このセリフが 瞳子(恵利)の セリフと遮るカンジで。)			10+0

No. 82

14+0

A Part 101

マッド・ハウス

memo.

S.	C.	PICTURE	CAM	NOTE	DIALOGUE	M.	E.	SEC.
	259			振り向く 瞳子(東判) 山城(桜林)	(OFF)(男)「また事件デス!!」	前カットからつづけて		2+12
17	260			ファッションショー ステージ 歩くモデル ← FOLLOW				3+12
	261			歩くモデル ↳ FOLLOW				2+0
	262				(2+0)			
	263				瞬くストロボ モデルOUTと同時に アンソバ超え 女の悲鳴 キャアァァァ ストロボの光でWHITE OUT			5+0
反				ファッションショー ステージ あちこちで ストロボ				
	264			モデルなめ? 客席　マルチ〔上モデル 　　　　　　　下客席 ストロボが 瞬く。(上ピン)				

No. 83

11+12

マッド・ハウス

memo.

S.	C.	PICTURE	CAM	NOTE	DIALOGE	M.	E.	SEC. S. M.
欠	264			モデル 振り向き OUT (同時にピ送り) 客席 悲鳴を 合図にしたかの 様にストロボが 一斉に瞬く 画面真白に する.	(OFF) 女の悲鳴 キャアアアア (カットいっぱい悲鳴)			6+0
	265			まっさらな(SE) カンジ 前カットからの 発光やむと それ以外鑑識の カメラ.	バシャ.. (バシャ バシャ..			2+0
	266			同 鑑識の カメラ.	バシャ.. バシャ バシャ バシャ..			2+0
	267			ファッションショー 楽屋 女の死体が 転がってり 傍に山城刑事(模本) カメラ.2回発光.				

No. 84

4+0

A Part

S.	C.	PICTURE	CAM	NOTE	DIALOGE	M.	E.	SEC.
								S. M.
	267			山城(桜木) 立ち上がりかけ				5+0
	268			(AC)立て 山城(桜木) 虚空を睨み	(桜)「これで 5人目 か……」			
				と、その山城が ストップモーションに なり巻き戻され ていく				
	269		TB	TVモニター の中、今までの シーン(C.267〜268)が 巻き戻されていく このカットの中 巻き戻し終わり もう一度再生	(ル三)「たったの 3カットですよ」	Fix 5+0 TB 5+0		10+0
				事務所のモニター の前の田所と ルミ 田所の両手に 包帯	(田)「うーーーん」 (ル)「アイドルで本業で するお仕事ですから これが」			
				煙草に手を 伸ばし	(田)「ルミちゃん、 こんな役でも運ぶの レギュラーをとってくるのが どんなに大変だと思うよ」			

No. 85

15+0

マッド・ハウス

memo.

S.	C.	PICTURE	CAM	NOTE	DIALOGE	M.	E.	SEC.
								S. M.
	269			一本抜きとって くわえる ↓ メイ付け ↓ スーッと吸い 込んで	⑭「それくらい分かり ますけど」			15+0
	270			背もたれに 寄りかかる用所 煙吐さす	田「フーーッ ここが正念場なんだ 未麻が一人前の女優 として認められるか どうかの」			2+0
	271			新聞のいかがい ニミ	ル「でも……未麻は アイドルで売って行く べきです」			3+12
	272			[C270同ポ]	田「ルミちゃあん… 日高ルミが現役 だった頃とは時代が 違うのよ」			5+0
	273			[C271同ポ]	⑭「分かってますよ そんなこと……」 ㊟×田「今時 アイドルが アピールする場所自体が 無いんだよ 未麻が生き 残れるかどうかの瀬戸際なんだぞ!」 ⑭「スイマセンね、生き残れ なくて」			2+40 4+12

No. 08

A Part | 105

マッド・ハウス

memo.

S.	C.	PICTURE	CAM	NOTE	DIALOGE	M.	E.	SEC.
	274			C.270. 同ポ 頭掻きむしりながら.	(田)「頼むよルミちゃん. 女優に転身出来るならそれに越したことはないのさ.」			5+12
	275			C.271. 同ポ	(ル)「歌を歌いたくて東京に出て来たのに…」			4+0
	276			田所 煙草もみ消しながら	(田)「考えてもみなよ. レコードセールスなんていくら売れても事務所にはたいして利益になんないのよ…」 ルミの様子 見ってる とは言っても確かにもうちょっと出番欲しいよね…」			
					(OFF)(矢田)「売れなかったッスね たいして利益にならなくて」			15+0
				声の方を				
	277			歩いて来る矢田 その後ろに雪子もくる	(雪/ル)「おはようございまーす」 (田)「どう? 新生チャムの方は?」			

No. 87

24+12

マッド・ハウス

memo.

S.	C.	PICTURE	CAM	NOTE	DIALOGE	M.	E.	SEC.
								S. M.
	277			旧所の質問には答えず、旧所をルミの前に、ポンと雑誌を置く矢田				6+0
	278			テーブルの上の雑誌"オリコン/ザ・一番" PAN・UP+TB 怪訝な顔の2人				3+0 1+12 2+0
				2人、何のことか判らず矢田を見上げる	Fix 3+0 PAN UP TB 1+12 Fix 2+0			6+12
	279			自慢する矢田と雪子、れい	矢田「2人とも まだ見てないんすか?」 雪子、れい「イェーイ」			5+0
	280			ダブルバインドのポスター 矢田前 マルチポケッタ 裏線	(3+0)			

No. 88   未在…ス

17×12

A Part 107

マッド・ハウス

memo.

S.	C.	PICTURE	CAM	NOTE	DIALOGE	M.	E.	SEC.
								S. M.
	280			電車(稅武線) IN	ゴオオオオ			4+0
	281			秋葉原 電気街 稅武線 OUT				7+0
	282			トオナの ポスター	(OFF) Ⓒ「最悪だよ あれ、」			(3+0)
			トオナのポスター	自動ドアが開き(スライド) こんなやっぱりトオナの 前出(C.27.28.106)の オヤキ、A B C 入って来る	Ⓑ「オレも見た見た ダブルバインド" つまんねーッ」			
								8+0

No. 89

19+0

マッド・ハウス

memo.

S.	C.	PICTURE	CAM	NOTE	DIALOGE	M.	E.	SEC.
	283			CD-ROMショップ店内 アイドル系やH系のCD-ROM等が並んでいる。	Ⓑ「どうして日本でサイコスリラーやるとああなるかね」			
				3人各々に物色。	Ⓒ「未麻りん出てないし」			
				Ⓑ棚の一本に手を伸ばし、ちょっと引き抜く (引き抜くのをアクションカット)	Ⓑ「そォそォ」			7+0
	284			トオルがパソコンゲームを引き抜き、一旦止める (ジャケットを確認してるようです) マルチ3段 上：4つ前の棚 中：ホトゲームとその棚 下：奥の棚も内ねく見に乗る棚	先週なんか4カットだっけ？			
				手とゲームOUT ピン送り	(OFF)Ⓒ「3カットだよ」 (OFF)Ⓐ「誰かやはりパソコンゲームが何かで手にした10日が」 未麻りんを救ってやって (ぃェ〜)			
				手とゲーム下OUTする 隠れていたロフが現れ不気味に歪む。				9+0

No. 90

16+0

マッド・ハウス

memo.

S.	C.	PICTURE	CAM	NOTE	DIALOGE	M.	E.	SEC.
	285		(T.b)	地下鉄の 吊り広告				S / M 4+12
	286			広告を見てる 未麻 窓の外BG 3枚位で撮る と気付く				3+0
	287			未麻から見て 対面の乗客 雑誌越しに 未麻を見ているが すぐに雑誌に 目を落とす #カット頭向は ありません 目を落とす途中 くらいからのカットです プイッと横向く 未麻				3+0

No. 9/

10×12

110 今 敏 絵コンテ集『PERFECT BLUE』

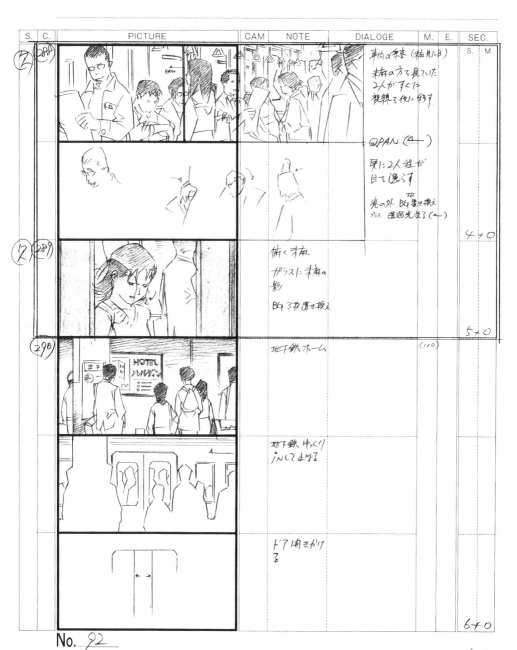

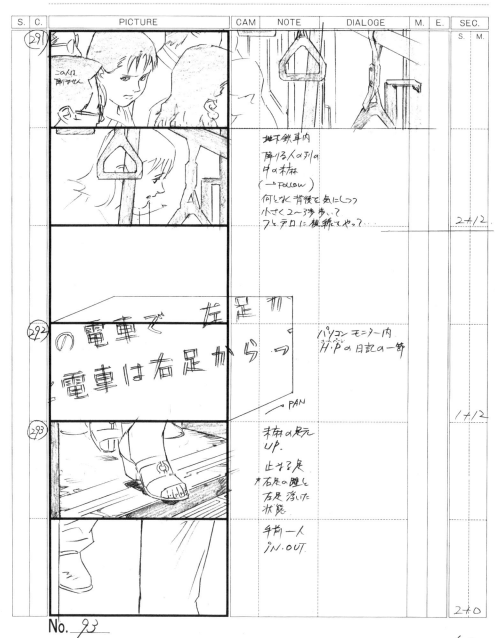

S.	C.	PICTURE	CAM	NOTE	DIALOGE	M.	E.	SEC.
				C.291 同ポラスト伝連				S. M.
	294			困まった表情の 未麻 未麻の奥、人 通化図ゴる				
				後続の人に 押し出される				2+12
	295			(前カットとA C風に) 地下鉄駅階段 INする未麻 階段 駆け上がる カメラ寸付けるが すぐにOUT				2+0
	296		蛍光灯 (T大) パダ 手持り	駆け上がる未麻 息使い 暁に 苦しい ＊グラデーションBG ＋背動 ＊カメラブレ	(末)「ハアッ ハアッ ハアッ…」 (SE) 未麻の靴音 (エコーひく)			2+12
	297			駆け上がる未麻の 足元UP. ＊BG 3枚置き換え ＋背動 (階段部分) ＊カメラブレ	(末)「ハアッ ハアッ ハアッ…」 (SE) 靴音 (エコー)			1+12
	298			駆け上がる未麻 ＊グラデーションBG ＋背動 ＊カメラブレ	(末)「ハアッ ハアッ ハアッ…」 (SE) 靴音 (エコー)			1+12

No. 94

10+0

マッド・ハウス

memo.

S.	C.	PICTURE	CAM	NOTE	DIALOGE	M.	E.	SEC.
	299			誰われも無く 長い階段 出口(室内光)は 何も近づかない *グラデーション(PL～)BG +有動 *カメラブレ	(OFF)(未)「ハァッ/ハァッ /ハァッ…」			S. M. 1+12
		C.296～299までの4cut.リピートで 長めに作って、編集時に、徐々に細かく なるようにします。		1. 1+0 2. 1+0 3. 0+8 4. 0+8 5. 0+12 6. 0+12 7. 0+6 8. 0+6 9. 0+6 10. 0+6 }コメカンジ				(6+0)
	300			地下鉄駅・出口				
		足IN		間無(2.未麻の 足IN (未)「ハァッ/ハァッ *マルチボケア INして走りの 途中で足を一度 画面外にOUTさせ 下段になってフォーカスイン	/ハァッ…」 (不自然が動きにつかず するする最初からハマって)			
		上段 — ↑ ← 下段		最後の一段 上がり…				

No. 95

7+12

マッド・ハウス

memo.

S.	C.	PICTURE	CAM	NOTE	DIALOGE	M.	E.	SEC.	
								S.	M.
	300			縁に手をかけて…					
	301		A・C 3コマ OUT	地下鉄駅出口:外 出て来る未麻				1+12	
				もたれて 荒い息をつく 暫く息を整えて から(その間 車 3〜4台 IN OUT)	(未)「ハァーッ ハァーッ ハァーッ ハァー ハァ…ハァ… ハァ…」				
				ゆっくりと身体を 起こす				12+0	
	302		センター	未麻の見た目 ゆっくりと流れる雲 ビルの窓に 映る	(OFF)(未)「ハァ ハァ… ハァ…」			5+0	
	303			空を見上げてる 未麻 信号は青 奥の青味で 廃車が横切る (→) 未麻を駅出口以外 マルボケにした方が よいか	(未)「ハァ ハァ… ハァ… (息がほぼ戻る)」				

No. 96

18+12

A Part

S.	C.	PICTURE	CAM	NOTE	DIALOGE	M.	E.	SEC.
								S. M.
	303			と、気付く未麻				6+0
	304			電器店店先の モニターに 未麻が映っている モニター画面内 OUTする未麻				4+12

No. 97

10+12

マッド・ハウス

memo.

S.	C.	PICTURE	CAM	NOTE	DIALOGE	M.	E.	SEC.
	305			未麻たちの事務 所の入った雑居 ビルの前。 たむろしてる オタッキーたち				S. M. (3+0)
				その中の一人(D) が気付く 他の者も見る	(D)「あ 未麻クンだ」			
				未麻 IN ペコリと頭だけ 下げて 入口へ	(D)「お早よう」 (E.F)「お早よう 未麻クン」			7+12
	306							
				付けPAN（手前の3人 密着引き） 未麻足早に 俯き加減でビルの中へ 007 内田がいる	(G)「お早よう」 (H)「ドラマ頑張ってね」 (I)「ぬ、ちょっと… 未麻クン」			
				(J)未麻の去った方 見てセリフ 言いつつOUT (セリフ後半内田のフリ で03カンジで) 内田、2歩位 出て中を見やる	(J)「チェッ 女優とも なると 愛想も ないかね」			10+0

No. 98

17+12

A Part 117

マッド・ハウス

memo.

S.	C.	PICTURE	CAM	NOTE	DIALOGE	M.	E.	SEC.
								S. M.
	307			雑居ビル1F エレベーターを 待つ未麻。 ※エレベーター開くと中の方が明るく 未麻の影OL		(1+12)		
				エレベーターに 乗ってボタン押す。 何か貼り紙が してある。				
				気付く未麻。				7+0
	308			新聞の小さな 記事の切り抜きが テープで止めてある "渋谷区でひき逃げ" の見出し。				2+12
	309			被害者の顔写真。 前出のファン。				3+12
	310			記事を見つめる 未麻。 『……この人 確か……どうて ……誰がこんな 記事を……？』 てなカンジ。				

No. 99

13+0

マッド・ハウス

memo.

S.	C.	PICTURE	CAM	NOTE	DIALOGE	M.	E.	SEC.
	③⑩			さっと振り向く未麻。(→付けPAN)				S. M. 2+0
	③⑪			エレベーター内から見た新居ビル入口。立っている内田 逆光の中 冷をシルエット				
				エレベーターのドア閉まってくる。ドア マルチボケ (最低限の差)				3+0
	③⑫			内田 寄り。一寸 ロエス呑む。エレベーターのドア閉まる。ドア マルチボケ (目一杯ボかしたい。)				
								2+0
	③⑬			不審に見う未麻。	＠ELV.上昇する音			4+0

No. 100

11+0

A Part | 119

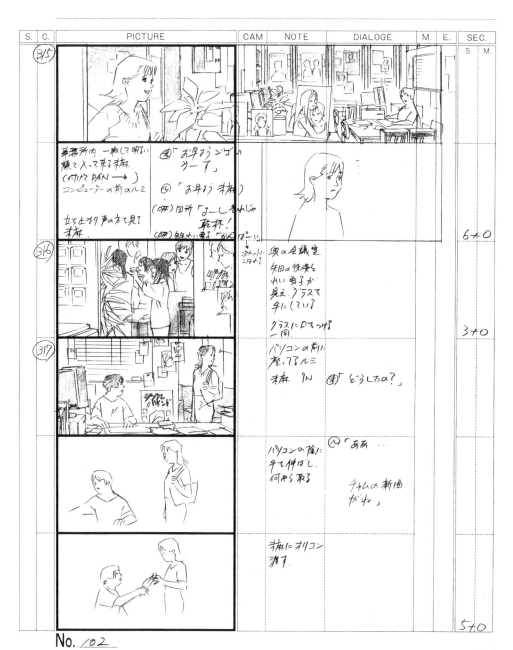

マッド・ハウス

memo.

S.	C.	PICTURE	CAM	NOTE	DIALOGE	M.	E.	SEC.
	318	きっとだいじょうぶ CHAM	↑PAN・UP	オリコン紙面 シンプルチャート 83位にチャム の曲	(研)(主)「あすジオーい 83位、入ったんだぁ!」			S. M. 4+12
	319			オリコン見て 喜ぶ未麻 言って省の方 見る(一〇付けPAN)	(主)「今まで載ったこと 無かったのに!」			
				知畑、ルい、雪子 テーブルLa クラッカー( )を 取り	(矢山雪) 「セーェー のッ!」			5+0
	320			頭止メ無し クラッカーを 鳴らす雪子の手	(SE) 「パーン」」			0+18

No. 103

10+6

A Part 121

マッド・ハウス

memo.

マッド・ハウス

memo.

S.	C.	PICTURE	CAM	NOTE	DIALOGE	M.	E.	SEC.
								S. M.
	325			弱冠アルコールも入って陽気な雪子 言いつつ未麻の肩を軽く叩こうとして	雪「大丈夫だって未麻姉！」			7+0
	326			(Ac) 未麻の肩を叩く手 ビクッとする未麻				0+18
	327			ルミを見る未麻 [C.317同ポ] ルミ、ドラマの台本を差し出し（ル） 台本受け取る	ル「次の台本ちょっとセリフ増えてるよ」 (未)「あ、うん…」			6+0
	328			田所入ル 台本めくる未麻 会議室に一同見ス？ 皆の会話が遠くなる	(田)「2人ともよく頑張ったなぁ」 知「もうチャンスは2人だけで超OKッスよ」 一同笑（F.O気味）			7+0

No. 105

20+18

A Part

ART WORKS I
● キャラクター設定

霧越未麻
Mima Kirigoe

ファンA・B・C
Fan A,B,C

内田 *Uchida*

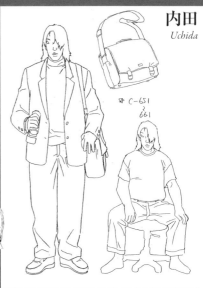

Team **グレン隊**

外道 *Gedou*

memo.

PERFECT BLUE
STORYBOARD BOOK

B PART

PICTURE	CAM	NOTE

アロに立つ未麻
疲れているカンジ
ガラスに未麻
(他の車内の人物も)
映っている。
BG.BOOK(←→ヒキ)

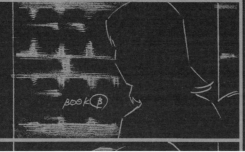

BOOK B

煌々と明かりの
灯いたビル(壁面
には看板等)の
傍を通過し、
その明かりに
ガラスの映り込み
が隠れる

明るいビル通り
過ぎ 元へ戻る
が そこに映った
のは、アイドルの
姿の未麻
(以下ヴァーチャル
未麻)

V.未

ハッとフリ、ガラス(SE)
を見るが、
同時に対向車
の明かりに
掻き消される
オドア、風圧で
ガタる。

360

驚く未麻(AC)
対向車を揺られ
遠って行く

ゴー

マッド・ハウス
memo.

S.	C.	PICTURE	CAM	NOTE	DIALOGE	M.	E.	SEC.
	329			渋谷の街、晴天 画面奥、電車 スライド(→)				S. M. 5+0
	330			ビジカの通り イラン人(じゃなくても いいですが)が胡散臭いサービス券を配ってる 無視して通り過ぎる人(2〜3人) 手前を通る人もいます				
				陽子(未麻) ？にして券を 受け取る				5+0
	331			歩く未麻 →Follow 貰った券をちょっと見てから				
				バックに仕事？ 未麻を見ていた 見るからに怪しい 男(イラン人じゃない程)日に焼けてて派手め 色のダブルのスーツ 耳にはピアス) が近づいて来る…				

No. 106

10+0

マッド・ハウス

memo.

S.	C.	PICTURE	CAM	NOTE	DIALOGE	M.	E.	SEC.
								S. M.
	331			何か男「ね工君、どっか事務所入ってる?」陽子(林)ちょっと悪い?				
				言いつつOUT	(林)「ごめんなさい、急いでますから」			7+0
	332			陽子が気味、小走りに来て歩足を緩める ← FOLLOW) BG.— 対面のビルの窓に映る建物 BOOK A — 対面のビル B — 手前の電柱や停車中の車				
				男追いかけて来て、「ねェッてば!」と言いつつハイ一緒に歩きながらセリフ	(いが男)「ねェッてば! モデルの仕事とかさ— 興味ないの?」			
				陽子(林)立ち止まって 2人 そのままのポーズで、不自然な間 (OFF) 監督「はい チェック〜」	(林)「モデル?」			6+0 10+0
12	333			ドラマロケ現場 林といが男の右側に台車に乗ったカメラマン 音声等奥にバース				

No. 107

17+0

マッド・ハウス

memo.

S.	C.	PICTURE	CAM	NOTE	DIALOGE	M.	E.	SEC.
								S. / M.
	333			未麻 小走りに ベースの方へ (2〜3歩) いか男も遅れて 1〜2歩				4+0
	334			ベースのモニター、監督らの肩ごしに C.331のカット尻くらいから C.332の内容が映し出されている。				3+0
	335			ベースのスタッフに 混じり、モニターに 見入る未麻とルミ (未麻の上着 手に (?持) 奥にギャラリー				
				監督 顔上げて (監)「はい オッケー。 それじゃ 移動 しまーす。」				
				未麻とルミ 連れ立って OUT				
				未麻で遮られて いた所に ギャラリーに 混じり、ビデオカメラを 手にした内田が見える				8+0

No. 108

11+0

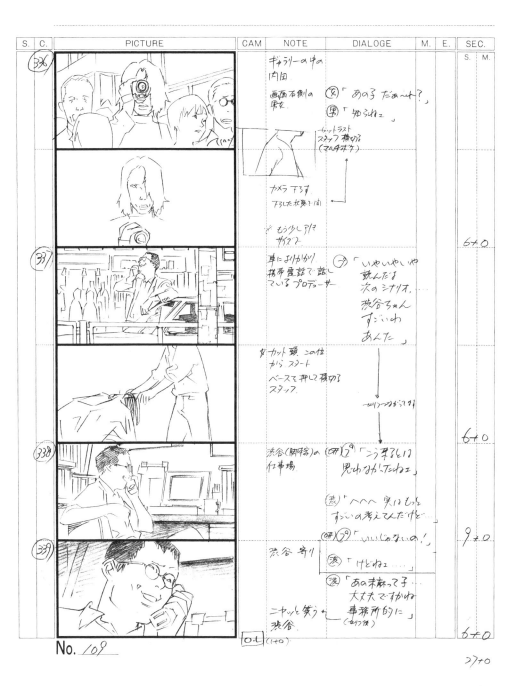

マッド・ハウス
memo.

S.	C.	PICTURE	CAM	NOTE	DIALOGE	M.	E.	SEC.
								S. M.
	348		↓PAN UP	台本読で未麻 大真面目で追ってるカンジ / パラッと見て握って… / 表情が曇る 『ウソォ…』ってカンジ	Fix 3+0 / PAN UP 1+12 / Fix 4+0 / (OFF)田所「未麻ちゃん」 / 高倉陽子は ストリップ 劇場で、客にレイプされたことで がらっと性格が変わるんだ」			8+12
	349 A		ユズイモン 知り合いになって 福岡支配 / (A)(B)	台本読で未麻 を鍵人で見ている田所	(ル)「冗談じゃありません レイプシーンなんて!!」(テンション高い) / (田)「後半の鍵を握る重要な役なんだぞ」(落ち着いて) / (ル)「だって」 / (OFF) 未麻はアイドルです!」			1+0 2+12
	350			ルミ、未麻の方を見て 優しい口調で	(ル)「心配しないで未麻 プロデューサーにお願いして、変えて貰うからね?」 / (OFF)(田)「おいおい」			5+12
	351			ルミ、さっと 田所を振り向く	無茶言うな ただでさえ、開幕が遅れて 美術スタッフが殺気だってるんだ			

No. 112

27+12

134 今 敏 絵コンテ集『PERFECT BLUE』

マッド・ハウス

memo.

S.	C.	PICTURE	CAM	NOTE	DIALOGE	M.	E.	SEC. S. M.
	351			田所の話に 苛々して来るルミ 顔を背け ボールペンで テーブルで叩き 始める(SE カッカッカッ) 田所のセリフで 遮るように、A.C.と ボールペンで ピシャッと 叩くルミ 強い口調？ C350 はっぱ	(田)「それをうるがえねて 増々遅らせたりしたら どうなるよ。渋谷先生に だってアイドルを 脱皮させずって言った のに」 (ル)「タレントを守るのが 私たちの仕事でしょ！ 未麻がシムラマネ できるわけない んだから!!」			12+0
	352							
				未麻の方を 見るルミ. 特に驚いてる わけじゃありません	(田)(末)「いいよ ルミちゃん」			7+12
	353			明るい表情の 未麻 背後のキャビネット のガラス戸に 映り込み	(末)「私、やるよ。 だって女優に するって決めたん だもん」 (SE)ガタッ!!			4+12
	354			立ち上がるルミ (途中からです) 笑顔の田所	(ル)「未麻!!」 (田)「そうか、未麻 偉いぞ。 このくらい女優なら 当然だよな」			
				ルミ、ゆっくり 未麻に近づく セリフ後半 口調 強くなる。	(ル)「未麻…ちゃんと 考えてよ…どうなるか 分かってるの!?」			9+0

No. 113

33+0

B Part | 135

マッド・ハウス

memo.

S.	C.	PICTURE	CAM	NOTE	DIALOGE	M.	E.	SEC.
								S. M.
	355			ルミを見返す 未麻	園「だって 本当に レイプされるワケじゃ ないんだヨ」			
				無理に明るく してるカンジで	さすがに親は 仰天するだろう けど… ハハハ (未)			
					とにかく、私 やるヨ ちゃんと頑張るから！			11+0
	356			未麻の様子に 何も言えない ルミ	ⓛ ……未麻…			5+0
(夕)	357			どこかの街の中 高架を電車が 走る (→ヒキ) ※夕方 5:00 くらい				5+0
	358			電車内 ドアに立つ未麻 ※窓の外なるべく 見せないように して 空 (BG) でもPUF引くよ うに 127 (→ヒキ)				5+0

No. 114

戻る?

2+0

136 | 今 敏 絵コンテ集『PERFECT BLUE』

マッド・ハウス

memo.

S.	C.	PICTURE	CAM	NOTE	DIALOGE	M.	E.	SEC.
								S. M.
	359			アロに立つ未麻 疲れているカンジ ガラスに未麻 (他の車内の人物も) 映っている。 BG・BOOK (ユ←ヒキ)				
				煌々と明かりの 灯いたビル(屋面 にこは看板年)の 脇を画面(各の明かりに ガラスの映り込み が隠れる				
				明るいビル通り 過ぎ 元へ戻る がそこに映った のは、アイドルの 姿の未麻 (以下 ヴァーチャル 未麻)	(V・未)「私 艶灯 イヤだからね」(5+0)			
				ハッとワク、ガラス(SE) を見るが 同時に対向車 の明かりに 掻き消される オドア風圧 ガタ	ビン"" (対向車の風圧で ドアの鳴る音)			7+12
	360			驚く未麻(AC) 対向車を撮れ 走って行く	ゴオオオォ			
				対向車OUT 何事も無か たかの未麻 車内(2+0)				6+0

No. 115

13+12

マッド・ハウス

memo.

S.	C.	PICTURE	CAM	NOTE	DIALOGE	M.	E.	SEC. S. M.
	361			C.359 同ポ 唖然とした顔で ガラスに映る 自分の姿を見る 未麻				5+0
®	362			未麻のどこにでも ありそうな商店街 賑やかな夕暮時。				5+0
®	363			通りを歩く未麻 (IN気味～OUT気味) 鉄の放置自転車 たむろする学生 立ち話の主婦達 等々				4+12
®	364			路地から見た通り 未麻 IN→OUT (→井↑PAN)				4+0
®	365			歩く未麻 (主速Follow？) トラックINして 画面一杯になる				3+12

No. 116

5+0

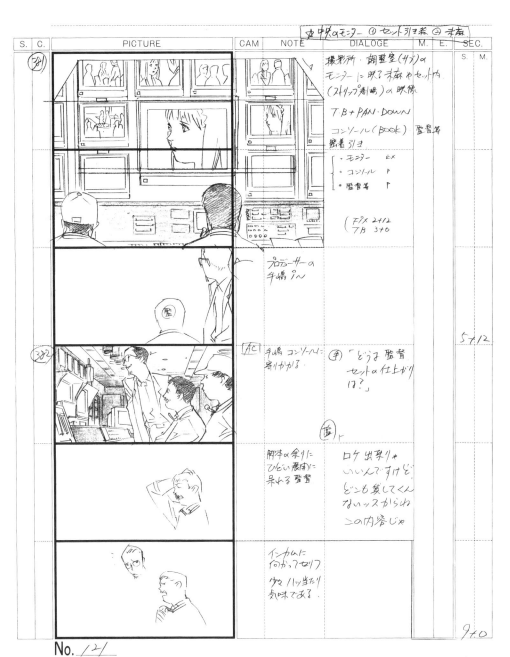

マッド・ハウス

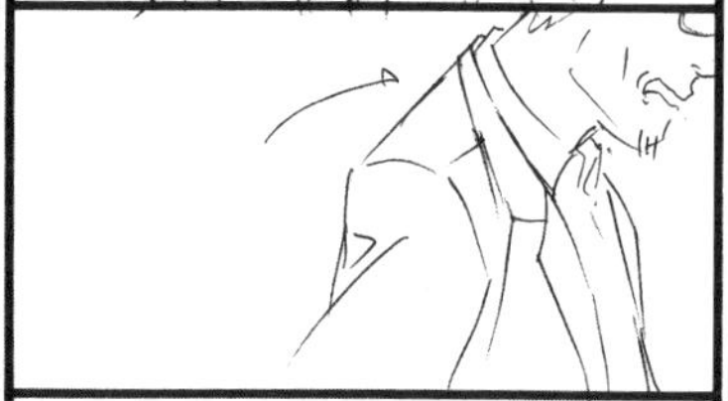

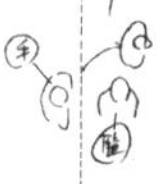

memo.

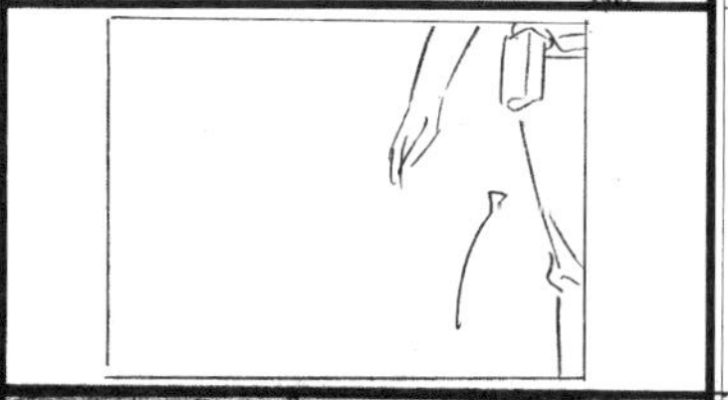

マッド・ハウス

memo.

S.	C.	PICTURE	CAM	NOTE	DIALOGE	M.	E.	SEC.
								S. M.
R	386			薬物で酔った未麻 恥ずかしさで視線が定まらない。				2+12
R	387			未麻の肢体に注がれるエキストラたちの視線 奥のエキストラ→セチ 家着 末麻/止メ 手前のエキストラ→セチ				3+12
	388			未麻に注目するスタッフ カメラ グッと上がる				2+0
	389			好色そうな目の見学者たち (2人はロパク) 顔が影になっている謎の警備員				2+0

No. 123

4+0

B Part | 141

マッド・ハウス

memo.

S.	C.	PICTURE	CAM	NOTE	DIALOGE	M.	E.	SEC.
	390		PAN UP	恥ずかしさに自分の体を抱く未麻 PAN.UP	(するべくHなカンジが出れば良いが…)			
					(PAN.UP 5+0 FIX 2+0)			
				ADの声に顔上げる未麻	(OFF)(AD)「はい、本番参りまーす!」			7+0
	391			セット全景 中央に小さく浮かび上がる未麻 →AD	(AD)「シーン48. 引きずり下ろされる未麻A、テイク1.」			5+0
	392			未麻 アップ ADの合図で ポーズ取る未麻 ↓	(OFF)(AD)「はい10秒前!」			

No. 124

12+0

マッド・ハウス

memo.

S.	C.	PICTURE	CAM	NOTE	DIALOGE	M.	E.	SEC. S. M.
	395			その才クルリと お尻を向ける				4+12
	396			固つく位いから 上体で起こし				
				クルリと正面を 向きながら 薄物の上着を 脱いで				
				客席へ放る				6+12
	397		AC	C.395同ポ 薄物右手へOUT 観客湧く				

No. 126

11+0

マッド・ハウス

memo.

S.	C.	PICTURE	CAM	NOTE	DIALOGE	M.	E.	SEC.
								S. M.
	397			髪の手を掻き上げる				4+12
	398			サブのモニター内の陽子(本物)				
					(OFF) 手嶋「シーッ いいねェ」			4+0
	399		C	サブ内.モニターに見入る監督、手嶋スタッフ 奥に田所とルミ (→カットいっぱいPAN)	(手)「さすがに元アイドルだねェッ」			3+12
	400			田所とルミ 身じろぎもせず見入ってるルミ 右手に持った煙草が枝え長く灰になっているが気付かない 田所がフとルミのタバコに目をやると灰がゴソッと落ちる	(OFF) ストリップの客の喚声 (客)「キャア やめてェッ」 (客)「放してよッ」etc. 「何だぁ!!」「ジマすんなよ!」(通人)「やめろ!下ガレ!」「ウルセェッ!!」「やろぉぜ やろぉぜ キャア」 (通人)「出てかねぇと警察を呼ぶぞ!」「かまわねェッ」「社長さん!」等 喚声が大きくなる			10+0

No. 127

次にルミの顔に目をやる田所

22+0

B Part 145

マッド・ハウス

memo.

S.	C.	PICTURE	CAM	NOTE	DIALOGE	M.	E.	SEC.
								S. M.
	401			モニター内 舞台に上がった 支配人が警棒で 客を殴る(2〜3回) 揚子(未麻)が客に つかまえられている	愛「放せ放せ!」 未「やめてッ」 富「ウルセェ」 「やっちまえ」 「下ろせ!下ろせ!」 etc			
				支配人 2人がかり で3!マダリ客と される	未「ああ!」			3+0
	402			A C24 舞台下に 落ちる支配人 持っていた 警棒が舞台に はねる				0+18
	403			舞台俯瞰 警棒が客の間を 転がる 客にっかまれてる 揚子(未麻) 嘘ってる他の客	未「やめて 放して 下さい!」 富「ストリップはどうした んだ!?」 「脱げ脱げ」等			3+12
	404			必死にAの手を 振りほどこうと する揚子(未麻)	未「お願い! 放して下さい. 放してェッ!!」			
				バッと振り 払う揚子(未麻) その反動で後ろへ よろめく				3+0

No. 128

10+6

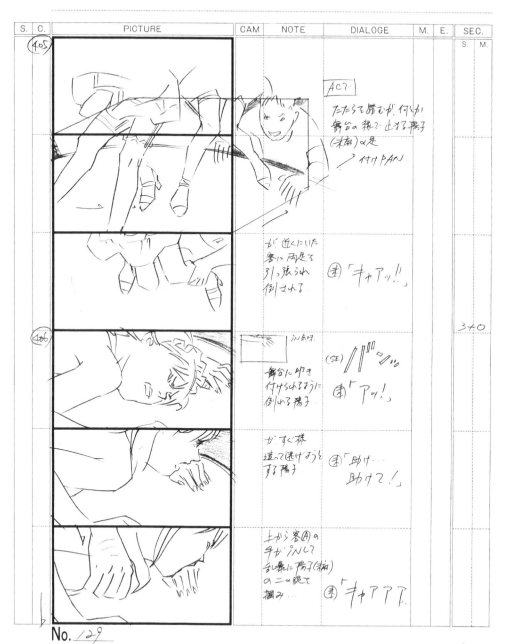

S.	C.	PICTURE	CAM	NOTE	DIALOGE	M.	E.	SEC.
								S. M.
	406			無理矢理に陽子(林)の体を仰向けに起こそうとする。(勢いよく起こす)	「アアアア!」			5+0
	407		A←?	客つかめ?舞台上の陽子(林)を客B グッと起こされるが必死に抵抗し全中で一旦反りかけるが結局、力負けして一気に仰向けにさせられ、男Bにのしかかられ更には他の客に押さえつけられる	(林)「イヤアアッ!!」(客)「やれやれェッ!」「脱がしろゼェ」等 「お願いやめて」 「イヤアアア!!」			(6+0化)
				と、演技が止まる。	(OFF)(監督)「はい チェック〜」			9+0
	408			AD、スタッフ越しにセット	※スタジオ(内) ざわつく			
								14+0

No. 130

マッド・ハウス

memo.

S.	C.	PICTURE	CAM	NOTE	DIALOG	M.	E.	SEC.
	408			未麻にのしかかっていた客Ⓐが立ち上がろうとすると気付くAD	AD「あ.そこそのまま」			4+0
	409			押さえつけられた状態の未麻				
				客Ⓐの顔うんで未麻の肩に手をやる				
				一寸顔を逸らし天井の方へ目をやる未麻				3+12
	410			眩いミラーボールとライト	(off)監督「OK!そんじゃ次.カメラ位置変えて.」			6+0
	411			[C.409 同ポ] 客Ⓐの男本当にスマナソウに	(間)(2+0) 客Ⓐ「御免なさいね」未「あ..いえ」			5+0

No. 131

1840

B Part 149

マッド・ハウス

memo.

クレーンの位置もう少し右へ（C.425に合わせる）

S.	C.	PICTURE	CAM	NOTE	DIALOGE	M.	E.	SEC.
	㊷			C.408 同ポ 中但し手前にクレーン入ってたりADの位置違ったりしてます	(監督)「ほいじゃ、続いてレイプシーン！」			S. M.
				ADイン しつつ	(AD)「はい本番参りまーす」			
				スタジオ内静かに→B AD台本を持った手を上げて 振り下す	(AD)「テスト…はい 回りました」			
				ADのキューで 湧くエキストラ	(客)「いいぞやってやれ」「脱がせ脱がせ」			8+0
	㊸			陽子(未麻)にのしかかっている客㊀身を起し	(未)「いやぁぁ！やめてェ!!」			
				両手で陽子(未麻)の乳を乱暴に揉む				
					(未)「イヤァッ」			
				陽子(未麻) 左手で客㊀の手を引き離そうとするが	イヤアアア!!			
				周りの客に手を引き剥がされる 客㊀の右手OUT	(未)「イヤァッ」			7+0

No. 132

15+0

マッド・ハウス

memo.

S.	C.	PICTURE	CAM	NOTE	DIALOGE	M.	E.	SEC.
								S. M.
	414			ステージ情景 客Aの右手が 陽子(未麻)の スカートの中に 入る				2+0
	415			客Aの右手が 陽子(未麻)の パンティを ずり下げる				1+0
	416			のけぞり 叫ぶ陽子 (未麻)	「イヤアアア アアアア アア!!」 (絶叫)			2+0
	417			囃立てる 客達	(OFF 未)「イヤアア!!」 (客)「いいぞいいぞ」 「やっちまえオラァ!!」 「早くしろヨ」	全部 かぶさ てるカンジ		2+12
	418			ズボンの ベルトを外す 客A	(未)「お願い ヤメテェェッ!!」			
				マニずって手元 を見るA				
					(OFF 監)「カット!」			5+0

No. 133

12+12

B Part 151

マッド・ハウス

memo.

S.	C.	PICTURE	CAM	NOTE	DIALOGE	M.	E.	SEC.
								S. M.
	419			ストリップ劇場 セット スタジオ内ごみつく	(off)(監)「ダメダメ もっと素早く!」 (客A)「スイマセーン!」 (off)(監)「もー回頭から! 陽子 服直して」			7+0
	420			未摘と客A 未摘パンティ 引っぱり上げてる カンジ (スカートの 位置が動いてる カンジ) るるっと見が上が ってる	(未)「パ…パ…」 (客A)「ゴメンね」 (未)「いえ…」 「パ…パ…」			4+0
	421	(AP)		C.412の後半と 同内容 ※但しC.420ea ポーズ合わせ有	(AD)「テイク2… はい回ってます!」 (客)「いいぞ、やる気!」 「脱がせ脱がせ!」等			4+0
	422			C.413に同じ ※但し強中から	(未)「いやぁ!やめて!!」 「イヤァッ イヤァァァ!!」 「イヤァッ」			(4+0)
	423			C.414に同じ				(2+0)

No. 108

21+0

マッド・ハウス

memo.

S.	C.	PICTURE	CAM	NOTE	DIALOGE	M.	E.	SEC.
	㊹			C.416と同じ内容だが髪の具合が変になっている	ｷﾔｧｧｧｧｧ			S. M.
					(OFF)(監)「カーット」 ｱｱｱｧﾚ			
				気付く未麻	(OFF)(監)「ゴメン、陽子の髪のモ直して」			4+0
㉗	㊺			C.408,412,421同ポ セットに入って行くメイク! シルエット気味から照明の中へ	(×)「入ります」			2+0
	㊻			天井のスピーカー	(OFF)(監)「エーとそんからね、陽子もうちょっと激しくね」			3+12
	㊼			C.420 兼用 未麻の髪直すメイク。(直し終わりぐらい) 離れるメイク ←PAN	(未)「はい」 (×)「がんばってね」 (未)「はい」			
				窓固がしかかる	(OFF) AD「続けていきまーす! テイク3!」			2+0

No. 135

14+12

マッド・ハウス

S.	C.	PICTURE	CAM	NOTE	DIALOGE	M.	E.	SEC. S. M.
	428			C.416と同内容	イアァァ アァァァ アァッ!! (416より激しく)			(2+0)
	429			C.417と同内容	用「イヤァァ!!」 客「いいぞ、いいぞ」「やるぞオラァ!!」「早くくれオ!!」			(2+12)
	430			C.418を途中まで同じ内容	用「お願い やめてッ」			
				ベルトを外し ズボン下す。	用「やめてッ!!」			4+0
	431			必死に叫ぶ 陽子(未麻)	用「イヤァッ!! お願い ダメッ イヤッ…」			
				客団の○○○が 陽子(未麻)の △△△に 入ったカンジ 思いっきりのけ ぞる陽子(未麻)	イヤァァァ アァァァ アァ!!			4+12

No. 136

13+0

マッド・ハウス

memo.

S.	C.	PICTURE	CAM	NOTE	DIALOGE	M.	E.	SEC. S. M.
	432			泣き叫ぶ 陽子(未麻)	围「イヤアア！ アアアアッ」 嘲り立てる客達 奇声上げる 「ヒーヒッヒ」「なんやかん」etc			2+12
	433			取り囲まれて中 激しく突かれる 陽子(未麻)	围「イヤアアア やめてェッ」 客達の奇声			3+0
	434			泣き喚く 陽子(未麻)	围「イヤアイヤ アア!!」			2+12
	435			奇声を上げ 嘲り立てる客				2+0
	436			客につかみ レイプされる 陽子(未麻)	围「アアアア!! お願い… イヤアア」			2+18
	437			叫ぶ陽子 (未麻)	围「アアア… イヤア!!」			2+12

No. 13

15+6

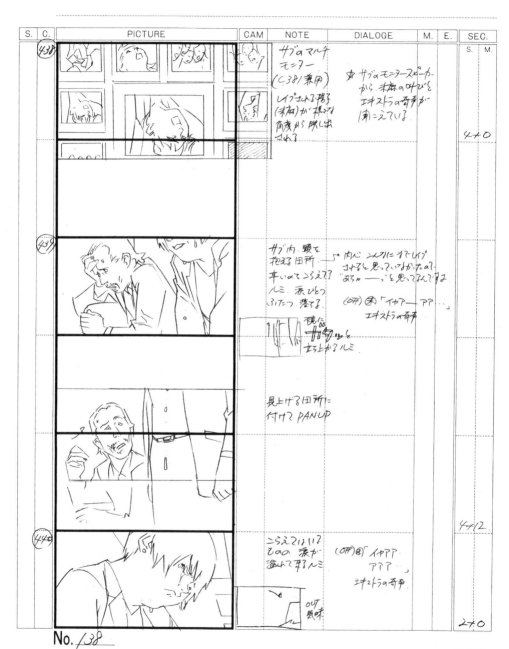

マッド・ハウス

memo.

S.	C.	PICTURE	CAM	NOTE	DIALOGE	M.	E.	SEC.
	㊹			C.X39. 後半同ポ ルミ OUT	㊺㊂「アアーーッ、 イヤアァ……」 エキストラの歓声			S. M.
				木根の悲鳴㊺ 一段と大きく なり、モニターで 振り向く田所	㊂「イヤアア お願い!!」			3+0
㊇	㊹			ステージ上 客A. 事が 終わったカンジ. ズボン上げながら 脇へ抜ける.	㊅「やめて いやっ			
				と、次の客㊑が IN.	「イヤアアア」			
				左手で掴んで いた手を振り 払い.				
				逃げようと する揚子(仮)				4+0

No. 139

3+0

B Part 157

マッド・ハウス

memo.

S.	C.	PICTURE	CAM	NOTE	DIALOGE	M.	E.	SEC.
								S. M.
㊀	⑭⑤			他の客に押さえ つけられる				2+12
	⑭⑥			服をつかまれ				
				手前へザッと 引きずられる(未)	「イヤ‼ お願いもう やめて			
				客(男)のしかか り。				
				○○○に突込 まれる 絶叫しながら のけぞる様子 (未) b 付けてPAN DOWN	イヤ‼… ヤ ア ア ア ア ア ー 」			4+0
㊀	⑭⑦							2+0

No. 14.

440

マッド・ハウス

memo.

S.	C.	PICTURE	CAM	NOTE	DIALOGUE	M.	E.	SEC.
	148			C.433と同じ内容 声(囲)(B)の違いはありますが似たようなカッコをさせつづけば大丈夫でしょう。	(未)「イカァァ ァァ……」 (声弱くになる)			3+0
	149			ステージ真俯瞰 激しく突れ(未) 声を出す力も抜けて来る様	「ァァ…… ハッ… ハァッ……」			4+0
	150							
3+0	151	目も虚ろになっている様子(未) 客達の奇声が遠くなり近くなり 唸り始める		(未)「ハァッ・ ハァッ ハァッ ハァッ ハァッ……」	梅の主観でPAN.UP. 上.客たち 下.梅の花や物 フォーカス 下↑上↓下↑ フォーカス上 客達の奇声と梅の息のうわり			3+0

No. 142

13+0

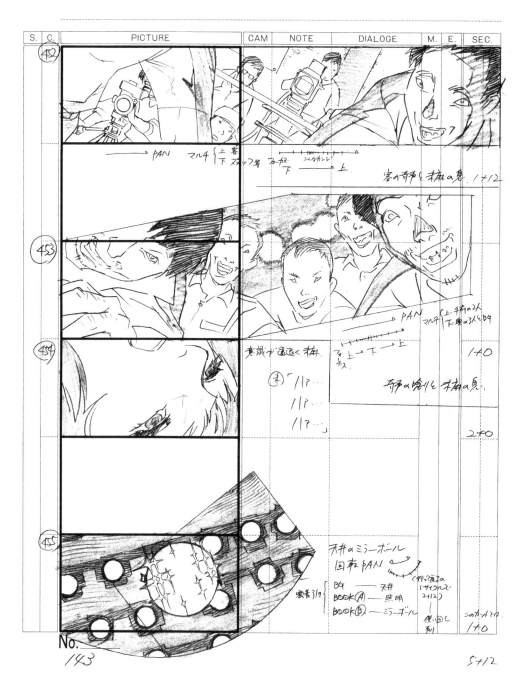

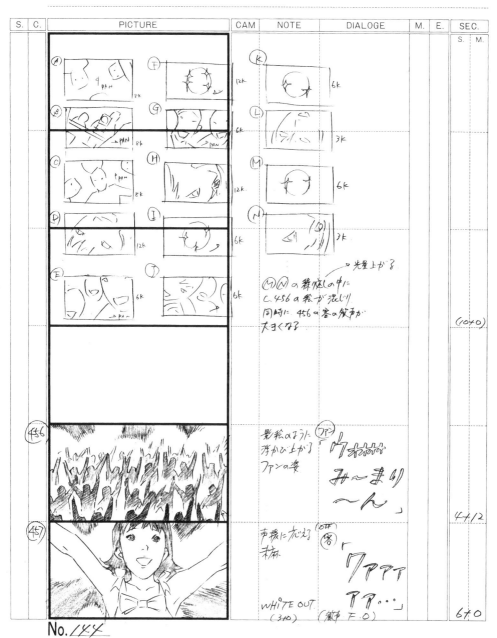

マッド・ハウス

memo.

S.C.	PICTURE	CAM	NOTE	DIALOGE	M.E.	SEC. S.M.
58			真白の画面が (F・I`12k) (2+0) 蛍光灯と その鏡像 カチッと 消される			5+0
59			メイクルーム. 大きく見立てて 椅子の背に もたれる未麻 *灯いて蛍光灯 有リマス	(未)「フーーーッ」		5+0
60			鏡の中の 未麻 黒っぽい服 (*回り込み風) ぐったりしたカンジの 未麻			
		密着引き	・鏡の中・奥の存孔窒 →ヒキ ・鏡の中の未麻 × ・壁と蛍光灯 ←ヒキ ・未麻 (実体) ←ヒキ	(カットいバリ)		
			一本明るい 顔を上げ	(未)「さて と」		6+0

No. 145

もっといるないか

16+0

マッド・ハウス

memo.

S.	C.	PICTURE	CAM	NOTE	DIALOGE	M.	E.	SEC.
12	46			スタジオ内 撤収が始まっている ライトを外す照明さん				S. M.
				バラしたセットをしまう物運人つづく大道具さん				
				森 顔出して 森OUT	(F)「お疲れ様でした」 (B)「お疲れ様」(口に)			6+12
R	46			照明さんA.B.C 戸口に目をやって	(F)「案外 瓢さん やってもうような最近の子は」 (A)「でもカンジいいね 一生兇命です」			8+0
	43			撮影所 駐車場の囚所の車内 2人気味 車のドアを閉め (SE)				
				後部座へ ドカッともたれる	(F)「はぁ〜 つっかれたぁ〜」			

No. 146

0+0

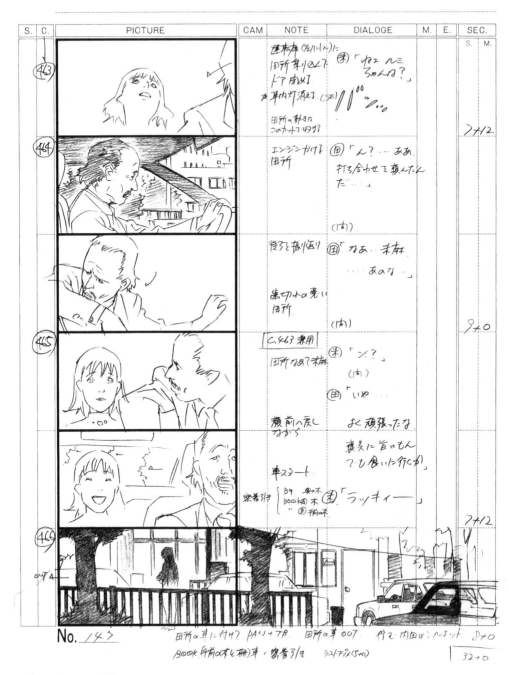

マッド・ハウス

memo.

S.	C.	PICTURE	CAM	NOTE	DIALOGE	M.	E.	SEC.
	47			未麻の部屋 水槽の明かり だけが灯っている 玄関の 鍵を開け、 未麻の入って来る音	設定の絵よりもう少し 散らかったカンジ ・ベッドの上に脱ぎ散らしの パジャマやら、床に雑誌やら 散らかっている？ (SE) ガチャ バタン ガチャ ジャラン	S.	M.	
				台所に明かりが 灯く(蛍光灯) 小さく鼻こえる 未麻の鼻歌				
				未麻のシルエットが 磨ガラス越しに 近付き ドアを開く				8+0
	48			電灯(白熱灯) 灯く テーブルの上に コンビニの袋を ドカッと置く	(SE) カチッ			
				未麻 IN 画面外 水槽の 上のエサを手に 取ってしゃがみ かける未麻	㊛「ただいま お魚ちゃん♪」 (通勤の節回しで)			3+12
	49		AC	水槽の前に しゃがむ未麻 石ナにふるすに エサ と気付く	㊛「おなかすい たかなあ〜」 (これも節回しあり)			3+18

No. 148.

15+6

マッド・ハウス
memo.

S.	C.	PICTURE	CAM	NOTE	DIALOGE	M.	E.	SEC.
								S. M.
	479			水槽の底の方に、10匹程のネオンテトラが腹を上に向けて漂っている。色も白~くなる。				3+0
	471			C.469同ポジ「あれ?」ってカンジで水槽をトントン叩く未麻 トントントントン トントン トントントントントン!				
				ハッとなる				7+0
	472			水槽内の水草や、死んだテトラをなめて 未麻 板 IN. 目を瞬かせるうちに涙が溢れてくる。水槽に額をつけズズッと下がる	(未)「ウ……ゥゥ‥!」			10+0
	473			後から後から涙がこぼれて 泣く未麻 (色々と耐えていたのが堰を切ったように溢れて来てしまったのです)	(未)「ゥゥ…‥ゥッゥ ゥ— ゥ ゥ— —イイイイ イイ」			7+0

No. 148

27+0

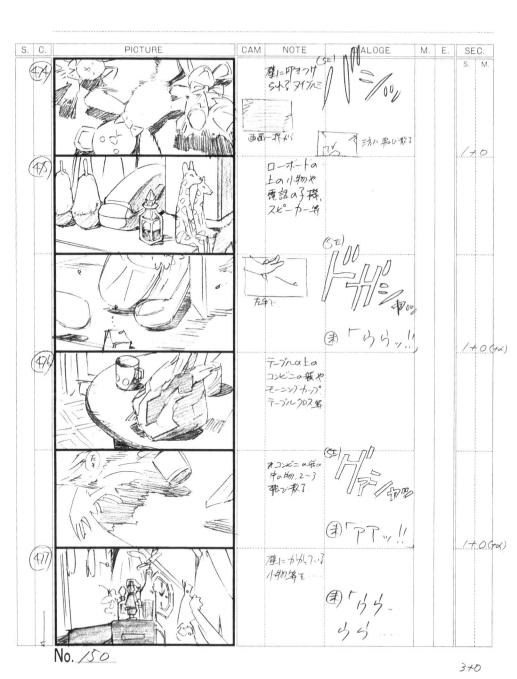

マッド・ハウス

memo.

S.	C.	PICTURE	CAM	NOTE	DIALOGE	M.	E.	SEC.
	A77			両手でなぎ払う未麻	うーう アアア!!			S. M. 1+6
	A78		AC	勢い余ってよろける未麻				
				壁にぶつかる	㊙「う…ううう!」			
				ベットカバーを掴もうとして落ちていたマグカップに足を取られタンスにぶつかる				
				もう一度向かって行く	㊙「アアア!!」			7+0 8+6

No. 151

168　今 敏　絵コンテ集『PERFECT BLUE』

マッド・ハウス

memo.

S.	C.	PICTURE	CAM	NOTE	DIALOGE	M.	E.	SEC.
								S. M.
	④79		in	ベッドカバー 掴む 才麻 OH				
				思い切り 引っ張り上げ(笑) る	㊉「ぶらっ!!」 バサァ…			1+12
	④80			ベッドカバーを 放り投げ 倒れる前 タメて… ドサッと 倒れ込む才麻				
								5+12
	④81			ベッドに突伏し、肉絶する才麻	(くぐもった声で) ㊉「うーーうっ …うう」			
				クーーっと 体をよじりつつ 叫ぶ才麻	㊉「やりたくないに 決まってるじゃ ないか!!」			

No. 152

7+0

B Part 169

マッド・ハウス
memo.

S.	C.	PICTURE	CAM	NOTE	DIALOGE	M.	E.	SEC.
								S. M.
	481				(ル)「首に迷惑かけ られないじゃ ない!!」			8+0
	482			思いっ切り体を 丸めて、押し 殺して泣く未麻	(未)「ウ… ウウ う…う」 (OFF)ヴァーチャル末麻「だから 言ったでしょ?」			
				その声に顔を 向ける未麻 (真赤に泣き腫らした目)				
				パッと起き 上がる				5+0
	483		AC このくらいから 喘いでモニターに映る ヴァーチャル末麻	(V末)「あんたが望んだ 仕事?」 (V末)「サイッテー!!」 ゆっくりと顔を上げる(末)と シンクロして高笑う(V末)			4+12
	484			半狂乱しちゃう 顔の未麻	(V末)「アハハハハ!」 (末)「…イ──ッ」			2+12

No. 153

20+0

マッド・ハウス

memo.

S.	C.	PICTURE	CAM	NOTE	DIALOGE	M.	E.	SEC.
								S. M.
	485			モニターα 中の(V未)	(中)「アハハハ」			
				ハート型のクッションが叩きつけられる	(SE) バン!!100			
				モニターに映了 麻 肩で見(未)てる	「ハアッア! ハアッア! ハアッア…」			6+0
	486			水槽の中を泳ぐ 2匹のネオンテトラ				4+0
×	487			モニター内. ホームページ "麻の部屋" ※内田の部屋のモニターです. 日記でクリック				
				※日記に変る				5+0

No. 154

10+0

B Part | 171

マッド・ハウス
memo.

S.	C.	PICTURE	CAM	NOTE	DIALOGE	M.	E.	SEC.
								S. M.
7	492			起き上がり	①「…はい…」			
					(合成者のような男の声)			
					(OFF)声「未麻クンを返せ」			
				受話器を持ったまま電気とリクま。	(SE)…ツー ツー ツー…			
	493			モニター内(前)"未麻の部屋"の日記がスクロールされていく	→ 先頭にしたC.487の構図に変更			
				一旦行き過ぎて一寸戻る.				
		18日 モォヤだよォドラマは!! し、超オォヘンな役だし…… で、歌うのがサイコォ!! プロデューサーはHだしやっぱリファンの前			(OFF)ヴァーチャル未麻「モォヤだよォドラマは!!プロデューサーはHだし」			6+0
	494		止めxロングで	モニター前の内田 内田、セリフ通りにロパク有りだが声は未麻らしい	(ヴァーチャル未麻の)声で「超オォヘンな役だしやっぱリファンの前で歌うのがサイコォ!!」			
				*BGM "CHAM"の曲				
	495		止めでロング上手	セリフ後、ロスタク歪み、キーボードを打ち込む内田の音が聞こえる黙々とキーボードを打ち込み続ける内田	(SE) カタカタカタカタカタカタカタカタカタカタカタカタ…	カタカタカタカタ(声い感じで)		9+0
			T.B	ゆっくりいっぱい寄く	F.O (3+0)			8+0

No. 156

23+0

マッド・ハウス

memo.

S.	C.	PICTURE	CAM	NOTE	DIALOGE	M.	E.	SEC.
								S. M.
504	(A)			一眼レフカメラ ファインダー内 未麻.アウト フォーカスから ↓ OUT FOCUS (1+0) ↓ FOCUSING (0+12)				
				フォーカス·イン 雑誌·取材 インタビュー受け ている。	(未)「ああ…あのシーンですか？やっぱり抵抗が無かったって言うと嘘ですけどね」			
	(B)			(SE)カシャッ アングル変わる	「でも、女優としてのハードルだと思って……」			
			OL (0+12)	(SE)カシャッ 前カットの未麻と 同サイズから TB(ゆっくり)				12+0
505				(0#)オクオフ⑤「視聴率 上がったんだって」	前田の			4+0
506				書店内の ⒶⒷⒸ アイドル雑誌を 立ち読みしている	Ⓑ「相変わらずバカだねパンピーは」 (0#)(未)「そうですねぇ…」			4+12
507				未麻TVの トーク番組の 未麻 (安っぽいセット) 中巻書引き (未)→(司)	女優として認められみたいですねぇ」 (司)「元アイドルじゃなく？」 (未)「ソォリォ！」			6+0

No. 159

26+12

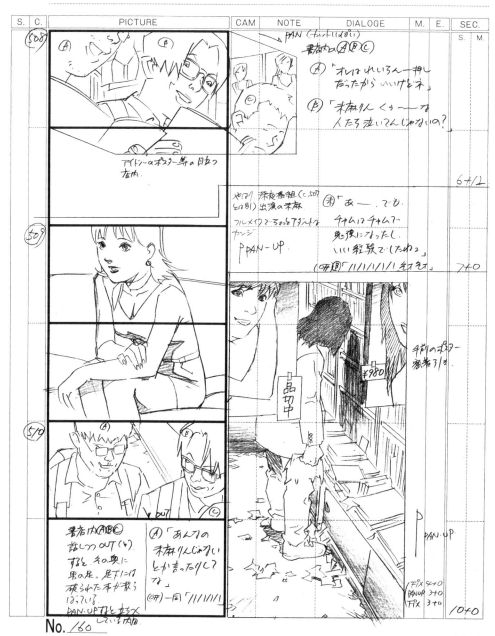

マッド・ハウス

memo.

S.	C.	PICTURE	CAM	NOTE	DIALOGE	M.	E.	SEC.
								S. M.
	30		T.U	未麻の部屋外(架材) →次からのモニターの大きさに合わせる				
	31		O.L (0+12)	パソコンモニター内に H.P "未麻の部屋" クリックして "日記"へ				4+12 4+0
	32			パジャマ姿(上のみ)でパソコンに向かう未麻。(振り返りで髪の毛をかけ上げる) 右手でマウス操作	(未)「あんたの方はどんな一日だった？」			4+0
	33	月22日 今日も気分はブルー…でも君からのメイルで少し元気になったよ。			モニター内 日記 (OFF)(未)「今日も気分にブルー。でも君からのメイルで少し元気になったよ。」			6+0
	34			モニター見つめる 未麻 クリックして	「…メイルって？」			
				日記を読み 驚く未麻	「6月24日…みんな助けてェ？」			6+0

No. 164

24+12

S.	C.	PICTURE	CAM	NOTE	DIALOGE	M.	E.	SEC. S. M.
	525	5月24日 みんな、助けて.! 私だってあんな仕事したくなかった。全部ムリヤリやらせれてるの! 全部脚本家が悪いの! 助けて! 助けて! 助けて! 助けて! 助けて 助けて! 助けて! 助けて!…… ……(画面一杯の"助けて"がスクロールしていく)		モニター内 日記	(OFF)(末)「全部ムリヤリやらされてるの、全部脚本家が悪いの…!?」			
	526			驚きの未麻 身を乗り出す	(OFF)(末)「違う…!」 (末)「違うよ、こんなの私じゃない!」			8+0 2+12
	527			モニター内. 突然かって勝手に パッと開くウィンドウ その中のヴァーチャル未麻 車外からライトの中 (色の違うライト 3枚くらいOL)	ヴァーチャル未麻「当たり前だよ こんなが本当の未麻だもの」			4+12
	528			C.526 同ポ 面喰らう 未麻				1+12
	529			未麻ナメで パソコンモニター 家着引き 未麻→ モニター→	(V 末)「フフ 本当は アイドルに戻りたいと 思ってるくせに」 (末)「違う!」			6+0

No. 165

22+12

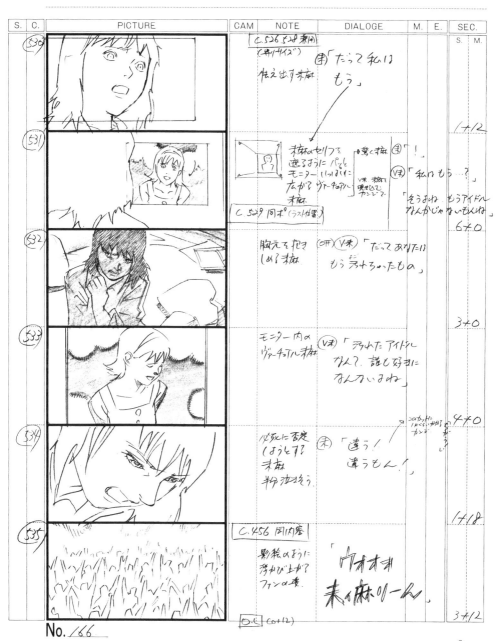

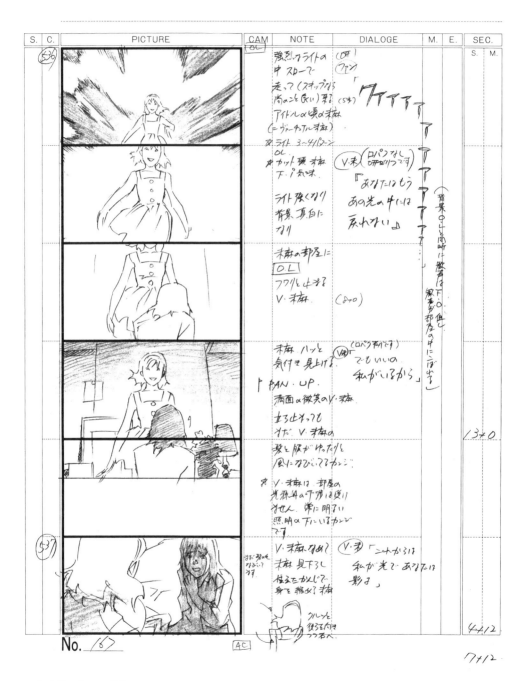

マッド・ハウス

memo.

S.	C.	PICTURE	CAM	NOTE	DIALOGE	M.	E.	SEC.
			40					S. M.
	37			ピョーンと 後ろ向きに 1歩で飛び 退ける V・未麻 ※物理法則を無視した場違いかつ 非常識な動きです。				
	38			軽やかにタッと 着く 未麻、横を向く 未「何言ってるの？」				3+0
	39			身を乗り出す 未「あなた誰なの!?」 未麻. ほど泣きそう　（セリフ テンション高めで）				1+12
	40			後ろにカーテン 開ける V・未麻 ※ガラス面、部屋の 中の物、ブラシ V・未麻は映り ません	V末「アハハハ、誰も あなたなんか 好きじゃない			
				外へ出る V・未麻 （ガラスに無い ものを考える）	まごれちゃった ……まごれ ちゃった」			5+12
	54			下を向き 叫ぶ未麻 ※泣いてます	未「やめて… やめってったら！」			2+0

No. 168

12+0

B Part | 179

マッド・ハウス

memo.

S.	C.	PICTURE	CAM	NOTE	DIALOGE	M.	E.	SEC.
	54			ベランダのフェンスの上に軽やかに立つ 満面の微笑を湛え 手を振る V・未麻	(未)(泣きじゃくってるカンジで) 「私は 忘れてないから…」			S. M.
				そのまま軽やかに フェンスの向こうへ 降りて行く 未麻気付き	(未)「…待って」			
				立ち上がりつつ 奥へ	待って!」			5+0
	55			C.540. 同ポ 掴みに気味 小走りに来て				
				ガラスに気付き (→ガラス面 ダブラシ)				
				ハッと身を引く				1+12

No. 169

6+12

マッド・ハウス

memo.

S.	C.	PICTURE	CAM	NOTE	DIALOGE	M.	E.	SEC.
	㊹				ベランダ・ガラス戸を 開けるのももどかしく 慌てて出て来る未麻 フェンス越しに身を乗り出す 下からの風に煽られる			S. M. 4+0
	㊺			→付けPAN 街灯の上を軽やかにスキップして 行くV・未麻 (ラストは街の灯の中へF.O、後に同3+0) ※何かこう夢のようなカンジに したいのですが…処理一考				13+0
	㊻				呆然とする 未麻 なびき去り			5+0
	㊼ ㊅				ベランダに立つ 未麻 力が抜け ゆっくりとしゃがみ こむ			6+0
	㊽ ㊅			C.486 同内容				4+0

No. 170

22+0

マッド・ハウス

memo.

S.	C.	PICTURE	CAM	NOTE	DIALOGE	M.	E.	SEC.
								S. M.
549				留守家・渋谷の マンション 地下駐車場 入口、場内は 異様に明るく見え モニターのむうである。(3+0)				
				滑り込んでいく 渋谷の車				4+12
550				駐車場 内				
				バックで入って 来る渋谷の車 (スライド)				3+0
551				渋谷 何かに 気付く 車ゆっくりと 止める	「?」			3+12
552				ブレーキランプ に照らされた 貼り紙 赤い絵の具が 垂れたくらている サイドブレーキの音 ブレーキランプ消える エンジン止める音 ドアの開閉音・足音				

No. 121

11+12

182 今 敏　絵コンテ集『PERFECT BLUE』

マッド・ハウス

memo.

S.	C.	PICTURE	CAM	NOTE	DIALOGE	M.	E.	SEC. S. M.
	(55)			渋谷 IN して 一寸見てから 貼り紙を引っ ぺがす				
								11+0
	(53)			静かな駐車場に 渋谷の足音が エコーをひく				
			IN	渋谷 IN (IN 尺 (+18ぐらい) と、どこからか あまりに場違いな "チャム"の曲が 聞こえて来る それに気付き 立ち止まり 振り返る渋谷				
								6+0
	(54)			→ PAN (カット いっぱい) ラジカセで鳴らせているカンジの "チャム"の曲が、固い靴音と共に 遠くなり近くなり、更に反響も 混じり合って聞こえている				7+0
				O.L (+0)				

No. 172

24+0

B Part 183

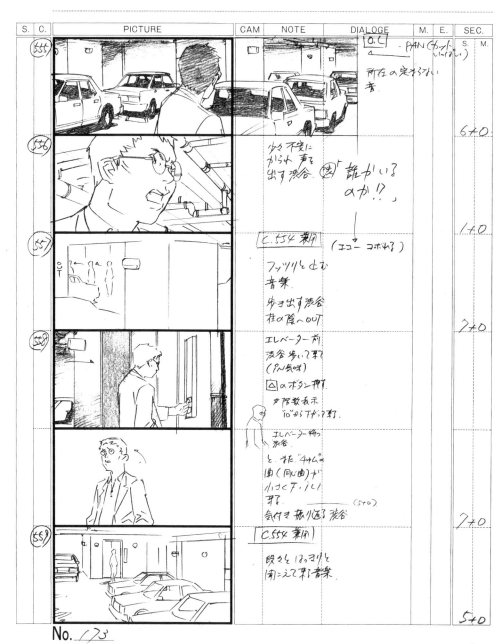

マッド・ハウス

memo.

S.	C.	PICTURE	CAM	NOTE	DIALOG	M.	E.	SEC.
								S. M.
	560			不安になって来た渋谷 段々と大きくなり近付いて来るカンジの"チャイムα曲"				
				BG ←── セキ 回りこみ風 渋谷 左右に目を配りながら小さく 2〜3歩後退する				
				エレベーターのドアが渋谷の真後ろに来たところでBGセキ鳴り止み ドアが開く 同時に曲が一気に大きくなる (6kくらいあし)				
	561		A.C	ハッと後ろを振り返る渋谷 ELVドア開く				5+0
				怪音の扉に 乗る？ ラスト 止め2間 (3+αくらい)				5+0

No. 174

10+0

B Part

マッド・ハウス

memo.

S.	C.	PICTURE	CAM	NOTE	DIALOGE	M.	E.	SEC. S. M.
	562			エレベーターの中にポツンと置かれたラジカセが大音量のワレた音で"チャム"α曲を鳴らしている				5+0
	563			渋谷のマンション5F. エレベーターの止まる音がして(3+0)ドアが開く ↓PAN.DOWN 両目を抉られ血まみれの渋谷がエレベーターの壁にもたれかかっている (既に絶命してる) ズルズルと下がる				
	589		微妙に T.B	マンション廊下 〜崩れ落ちる エレベーターのドアが閉する "チャム"α曲を歌声が遠くにこだまする				7+0 7+0

No. 175

19+0
(1+12)

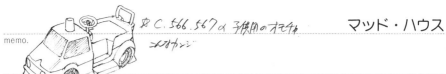

マッド・ハウス

※ C.566.567 の 子供用のオモチャ
こんなカンジ

S.	C.	PICTURE	CAM	NOTE	DIALOGE	M.	E.	SEC.
	565		→PAN		深衣の街並(→PAN) パトカーのサイレンが 聞こえる			7+12
	566		→FOLLOW	赤色回転灯 前カットと スカイラインの 高さ合わせ? BOOK IN (免の我)	O.L (↑の) ちゃっちゃサイレンの音 デパート屋上の遊戯施設(屋内) 子供の乗り物(パトカー)をFOLLOW して行くとCHAMのポスター。外には ファンたちがたむろしている →FOLLOW気味 子供IT OUT			4+0 6+0
	567			水色付きの ガラス				
	568		→PAN					5+0
®	569			CDの売り場 (Tシャツや 色紙等有り) 売切れに立つ 矢田。	デパート屋上。ミニライブの 開演を待つファン 奥には天幕のかかった ミニステージ			3+0
®	570			カメラ小僧たち (小僧という名に 失礼な程の年の 人たち?ですが)				3+0

No. 126

22+12

memo.

S.	C.	PICTURE	CAM	NOTE	DIALOGE	M.	E.	SEC. S.	SEC. M.

571

572

NOTE: 客席のファン ⒶⒷⒸ

Ⓐ新聞から顔を上げⒷを見て

DIALOGE: 客席(PAN →)
スポーツ新聞に大見出し
"人気ドラマ脚本家惨殺"
ファンⒶ 密着引き ピン送り(手前へ)

Ⓐ「……犯行は夕べの1時頃だってさ」

SEC: (PAN 3+0 FIX 3+12) 6+12

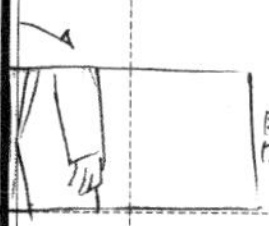

NOTE: Ⓑワザとらしく

Ⓐ「そう言や、あんた夕べ電話したら居なかったね」

Ⓑ「ドキッ! バレたか……ってンなわけあるか」

NOTE: 席に着く内田

「ハハハハハハ」
(面白かねぇよっ?)

NOTE: 身をかがめ何かしてる内田

Ⓐ「それより観いてる? "未麻の部屋"」

SEC: 11+0

573

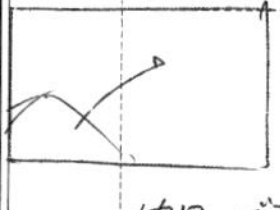

NOTE: 内田ビデオカメラを手にして起き上がり……

(OFF)Ⓑ「ああ でもあれってホントに本人なの?」

No. 177

17+12

マッド・ハウス

memo.

S.C.	PICTURE	CAM	NOTE	DIALOGE	M.	E.	SEC. S. M.
573			カメラを構える	(OFF)Ⓐ「さむねェ」 (セリフつづかづけず)			4+18
574			内田のビデオカメラ・ファインダー内。会場内のチャムのポスターを見て写るくれい。向へ T.U	(OFF)Ⓐ「あんたさ、今日未麻りんもステージに出るってよ」 (OFF)Ⓒ「ウッソでぃ!」			5+0
575		O.L (0112) 縦のサイズ前のカットより創える (浮かい顔) T.B. 田所の車の中 ※車止まってることにします(渋滞)	ルームミラーの中の未麻	※ワイドショーの音声(要セリフ)			5+0
576			カーテレビが渋谷の事件を伝えるワイドショーを映している	※ワイドショーの音声(要セリフ) (OFF)田所「ま、事件はショックだが」			4+0
577			運転席の田所、後ろに未麻 未麻 TVの方から視点上げて ※カットラスト車動き出す	「我々が心配してもどうもらんさ。頭切り替えていこ」 困「だけどこの前の爆弾のこともあるし…」			8+0
578			田所 未麻を振り返り	囲「おいおいアレも渋谷先生の事件が関係あるってのかよ?」 アンダーパスの入口に近づいて来る(なるべくヒキでいきたい)			4+12

No. 178

31+6

マッド・ハウス

memo.

S.	C.	PICTURE	CAM	NOTE	DIALOGE	M.	E.	SEC.
	579			俯く未麻 ホームページに書かれていた事やら何やらが引っ掛かっている人です このカット2・耳アンダーパスに入り、車内・外共にナトリウム灯（オレンジ）の色味になる(OL)	(未)「別に…そうはっきりとは…」 (研)(田)「ワイドショーの見過ぎだろ」			5+0
	580			C.579同ポ 但し色味違い	(田)「ともかく気にするな」 (未)「うーん」 (田)「暗い顔ばかりじゃ売り物にならんぞ、笑顔笑顔」			7+0
	581			C.579同ポ 中カット頭で車止める 窓ガラスの方に顔を上げ、作り笑顔をする未麻 (鏡像ダブラシ)				
			IN	と、対向車線の車が来してスッと止まる。その中にヴァーチャル未麻 意識はなく笑っている。驚く未麻				5+0
	582			V.未麻 寄り (V未麻の口が開く) 鏡像未麻 ダブラシ (マルチボケ)	(未)「…え？」 (V.未麻続けてロパク) (未)「まぁ…みろだね!?」			
				V.未麻の車 走り出す				7+0

No. 129

24+0

マッド・ハウス

memo.

S.	C.	PICTURE	CAM	NOTE	DIALOGE	M.	E.	SEC.
								S. M.
	583			V.末麻の車 OUT (A) 『待って…』と 口パクのみ (音無し)				
				ドア開ケ 急いで出て 来る末麻				3+0
	584		IN	走り去るV.末麻を 乗せた車 末麻 走って INするが 数歩 行った ところで 立ち止まる。 車、アンダーパス 出口の光の中へ F.O. 立ちつくす末麻	(SE)後発車の クラクションの音			7+0
	585			果然として末麻 田所の車の後発 車のクラクション 末麻の君.フレビ あり	囲「どうした!? 末麻? 末麻!?」 (SE) ゴボオオ (近付いて来る車の音)			
				末麻の手前で パスがよぎる (マルチボケ)	オオオ			5+0

No. 180

1540

B Part 191

マッド・ハウス

memo.

S. C.	PICTURE	CAM	NOTE	DIALOGE	M. E.	SEC.
586			マルチボケの人影がすぎる			S. M.
			デパートの楽屋通路。険しい表情で歩くルミ。	(足) カッカッカッ カッカッ… (靴音)		3+0
587 ®			煌々と明るい楽屋 れいと雪子	®「ウソォ？」 ®「そんなね…」		
			鉄のドアが勢いよく開きルミが顔を出す れい、雪子横を向ける	®「矢田君見かけた 矢田君！」 ®「あ、CD売ってると思うけど」		
			ブツブツ物言いつつバンとドア閉める	®「まったく 色紙が足んないじゃないか！」 (セリフ途中でドア絡め、あと通じて聞こえてくる) ®「だーいぶキてるね ルミちゃん」		15+0
588 ®			ルミの様子を多少気に病むれいと冷めてる雪子	®「そりゃそうだよ 田所さんが未麻ねぇの担当外したりするから…」 ®「まーフツーって感じ？ この頃末麻だったもんね あの2人」		8+12

No. 181

3+0

マッド・ハウス

memo.

S.	C.	PICTURE	CAM	NOTE	DIALOGE	M.	E.	SEC. S. M.
	587			デパート楽屋 れいこと雪子 野子 "〜と言うの"	㋹「でもさ 大丈夫かね 梅村」 ㋵「何が？」 ㋹「今日のカメラマン 腕がいい 専門なんだってさ」 ㋵「なに言ってんの」			10+0
	588			れいの風で 誉化す雪子 股間に手を やり	「あの人ならもう 慣れたもんよ 今頃カメラマンの 前で」			
				強引な冗談	毛ボーンよ			
				2回目あ手で 思いっキリ	毛ボォン (SE) ガチャッ			6+0
	589			ドア開けて ルミ顔を 出す "毛ボォンの本" 困がる雪子	㋸「もう出番じゃ ないの！ 早くしなさい」 ㋵「…ハァイ」			
				不機嫌な かんじでドアで 閉めるルミ 倒れかける 雪子	(SE) バンッ			7+0

No. 181 ※ 590.591.592.593 は欠番

23+0

マッド・ハウス

memo.

S.	C.	PICTURE	CAM	NOTE	DIALOGE	M.	E.	SEC.
	614			歌うれい	♪タイトなスーツ			S. M.
	615			歌う雪子	よりそい			
					ジーンズが			
	615 B				好奇心の			
				2人の振りに 付けて →PAN				

No._____

memo.

マッド・ハウス

S.	C.	PICTURE	CAM	NOTE	DIALOGE	M.	E.	SEC.
								S. M.
	615 C			密着スライド BG.チェロス→ 奥の客 → 手前の客 → T.U加味！	今年は無理せず カジュアー			

No._____

B Part

マッド・ハウス

memo.

S.	C.	PICTURE	CAM	NOTE	DIALOGE	M.	E.	SEC. S. M.
	65 D				ル—			

No._____

マッド・ハウス

B Part

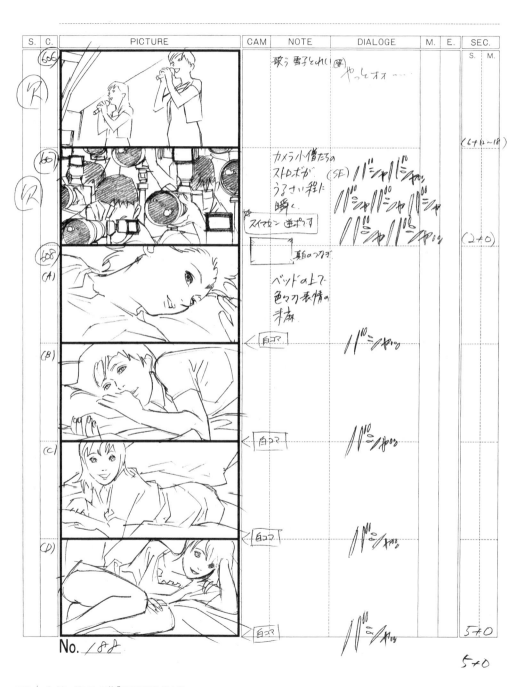

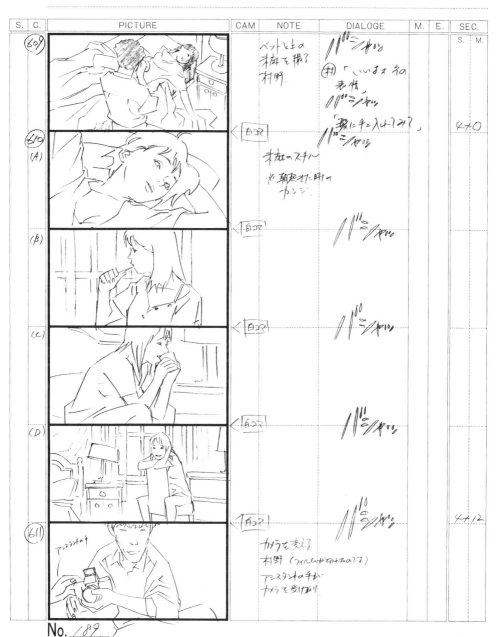

マッド・ハウス
memo.

マッド・ハウス

memo.

S.	C.	PICTURE	CAM	NOTE	DIALOGE	M.	E.	SEC.
	612							S. M.
				オンナコはスチル。				
				髪の毛の揺れ 戻し有リ付す				5+0

No. 191

5+0

B Part

マッド・ハウス

memo.

S.	C.	PICTURE	CAM	NOTE	DIALOGE	M.	E.	SEC. S. M.
	613			カメラ小僧たちからTB↑ 瞬とストロボ、焚いてるファンたち 密着引き有り カメラ小僧と怒るファン 止メ 頭が				(1+12)
	614			歌うれい	(歌) タイトなスーツなのに ジーンズがでかすぎのネ			(2+18)
	615			歌う雪子	(歌) 今年のは無理せず カジュアルへ〜			(5+18) 12~
	616			カメラ小僧たち ストロボの瞬き C.607と対になるカンジ				(2+0)
	617 (A)			なびら? 梅のスカル	(歌) あ あ			

No. 192

(17+6)

マッド・ハウス

memo.

S.	C.	PICTURE	CAM	NOTE	DIALOGE	M.	E.	SEC.
								S. M.
617 (B)					かま			
	(C)			シャッター切る 村野 ライトが合わせて 強く発光	ライト たまー			
	(D)			617に戻	に			(1+12〜18)
618 (A)				鏡を覗きこむ オカ	(マ)ふされい			
	(B)			半裸のオカ →PAN UP				(1+12〜18)

No. 193 ≠617 同様、村野(617XC)とファン(607)インサート

(3+12)

B Part | 203

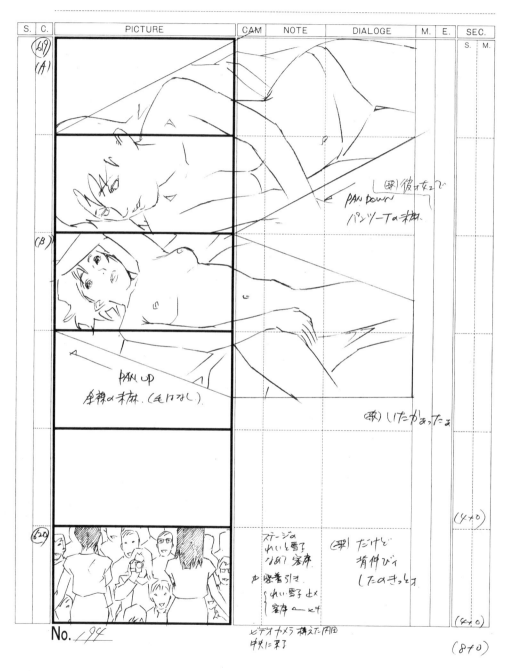

マッド・ハウス

memo.

S.	C.	PICTURE	CAM	NOTE	DIALOGE	M.	E.	SEC.
	⑥㉑			ビデオカメラ 構えた内田	(歌)離れて いく			S. M. (2+0)
	㉒			内田のカメラ ファインダー内 歌う未麻と いう間へ[IU] 極かいOL (6Kくらい)	(歌)気がる だったね〜 (歌はCUT OUT)			(3+12〜14)
	㉓			写真スタジオの トイレ中 ドアにもたれて 立っている未麻 疲れたような未麻	(SE)コンコン(ノック音) (OFF)田所「おい、未麻」			
	㉔							
				トイレのドアの前の田所 →PAN. スタジオ内 アシスタントや 村野が手持ち 無沙汰にしてる	田「決心してた筈だろ？ 皆お前を待ってるん だぞ」FIX 2+0 PAN 3+12			5+12
	㉕			トイレ内の未麻	(OFF)田「ねえ未麻」 未「‥‥‥」 (OFF)ﾏﾈｰｼﾞｬｰ 未麻「ほらね だから言ったじゃない			

No. 185

(11+6)

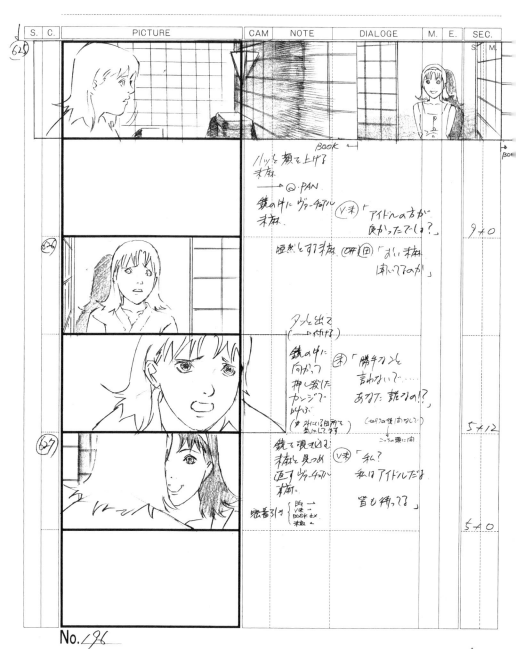

マッド・ハウス

memo.

S.	PICTURE	CAM	NOTE	DIALOGE	M.	E.	SEC.
							S. M.
628			歌うれいと雪子をつめて客席中央にビデオカメラを構えた内田　T.U　れいと雪子弱冠客着引は（ー←）	(OFF)(V未)「だから私れいや雪子を一緒に歌うの」			
	★内田だけが、れいと雪子の間を見ている（カメラ目線）他は、れいか雪子を見ているようにします		＊このカット・スローです	(OFF)(未)「違う私…」			
			カメラを下す内田				
629			ヴァーチャル未稀でCG？動揺してる未稀　鏡の中から見るか (c.627と同)　客着引は{段∧BOOK A×V未	(未)「私は友達に…」(違うように)(V未)「アハハハ！バッカね」			6+0
			カット尻、ヴァーチャル未稀、タンと後ろへ				3+12
630		T.U	内田以外のファンたろに、視線(OFF)(V未)が中央にする ＊スロー　音失くしてるカンジ	(V未)「それがみの読む人つてたいま」			3+0

No. 187

12+12

B Part

memo.

S.	C.	PICTURE	CAM	NOTE	DIALOGE	M.	E.	SEC.
	631			未麻初めて 鏡の中のヴァーチャル未麻 / 後ろ手にドアを開ける ——→ ファンの歓声が聞こえて来る / 強烈な光が差し込んで来る 光の中へF.O 気味のV・未麻	(未)「待って…」 / (V未)「皆が望んでいるのはね…」	徐々に大きくなる		4+12
	632		T.U / TU ストップ	呆然とした顔で見ているファンたち / 内田 感極まる寸前のカオ / カット尻 口開き(他のファンも)	歓声一気に大きくなる と同時に歌IN (歌) 好きでいたい (1+18)			4+18
	633			一斉にコールするファンたち (音楽とズレててかまわないです) / カット尻 Q.PAN ←	(ファン)「未麻りぃぃぃぃん!!」 / (歌) ずっとオ ありのまま			(2+18)
	634 (A)	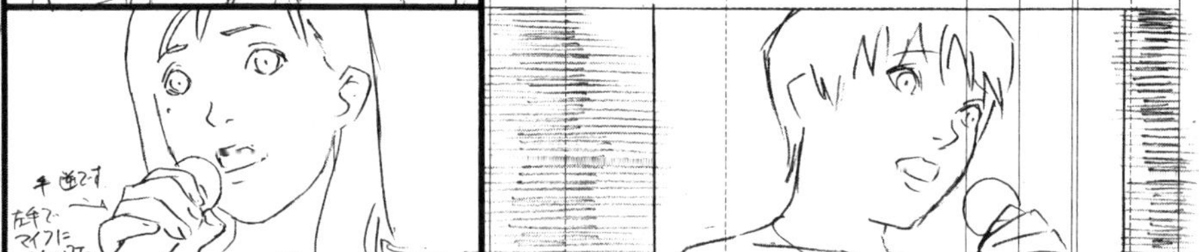		前カット受けて カット頭 Q.PAN (←) / 驚くれい / ← Q.PAN / 驚く雪子 (2人とも歌ってます)	(歌) 気ままでいようよ			(2+0)

No. 198

→ Q.PAN

(14+0)

マッド・ハウス

memo.

C.	PICTURE	CAM	NOTE	DIALOGE	M.	E.	SEC. S. M.
(メ)(B)			雪子とれい(歌)ずっとオ. a向に V.未麻 クルッと 振り向く様に 歌い始る	顔をきって歩く			
			※雪子とれいにはV抜け 見えません				
			※コンサート 作画は T.Bなんです ???				(4+0)
35			嬉しそうに 見上げる内心で 泣くファン	(歌)美しい景色を目に 焼き付けた			(4+12)
34			歌う3人 雪子・れい 互いに顔見合 せ、動揺し て	(歌)一人でも平気だ 贅沢な我儘を 見つけた			(6+18)

No. 199

(15+6)

マッド・ハウス

memo.

S.	C.	PICTURE	CAM	NOTE	DIALOGE	M.	E.	SEC.
	637			至福の顔の内田	(歌)やっとオ〜エンディング			3+12
	638			満面の微笑を混えたV.未麻	(未)「みんな ありがとう」			
				ダッと一歩出る(ON気味)				2+12
	639			客席へフワと飛び込むV.未麻				
				ファン・ワァーッと湧く				3+12
	640		T.B	デパート屋上イベント会場からT.B.	微事を指す。ワァァァァ!!			7+0

No. 200

16+12

S.	C.	PICTURE	CAM	NOTE	DIALOGUE	M.	E.	SEC.
(17)	641			未麻の部屋 (夜) パソコン内 H.P "未麻の部屋"の "日記"が開かれている				S 5+0 M
	642	今日はイベントに来てくれてアリガトウ。やっぱりみんなの前で歌うのがサイコォよ!!			モニター内 "日記"			5+0
	643			パソコンの前に 未麻の姿は 無く、脱ぎ散ら かした服が 点々とバスルームの 前まで続いている				4+0
	644			バスタブ真俯瞰 膝をかかえ お湯に 顔をつけた未麻				5+0
	645			湯の中、息を 堪えている 未麻。	(5+0)			
				何か叫ぶ (SE) 未麻 ※一応"バカ ヤロオ"という つもりでお願い します	ガバボコ ボゴボゴ			7+0

No. 201

2/+6

マッド・ハウス
memo.

S.	C.	PICTURE	CAM	NOTE	DIALOGE	M.	E.	SEC.
	646 (A)			週刊誌 グラビア頁 タイトル				S. M.
								(3+12)
	(B)			描かのヌード				
								(2+0)
	(C)			↓PAN・DOWN				
								(2+12)
				←――PAN				
								(3+0)
	(D)							
	647			その雑誌を立ち読みしてるサラリーマン(A)				11+0

No. 202   11+0

マッド・ハウス

memo.

S.	C.	PICTURE	CAM	NOTE	DIALOGE	M.	E.	SEC.
								S. M.
	64			オヨソ内田の手が IN して サラリーマン (A)の雑誌を 鷲掴みにして				
			OUT気味	奪い取る	(A)「な…!?」			3+0
	65			お堅の店先 昼間.	(A)「お…おい?」			4+0
				内田、買た人を 掻き分け奥の 雑誌に手を 伸ばす	(B)「何すんだよ」			
	66			レジのカウンターに うず高く積まれた 雑誌から PAN. UP 困ったフン 怯えたような 女性店員	(FIX 3+0 PAN.UP 1+12 FIX 3+0)			7+12

No. NO 203

14+12

B Part | 213

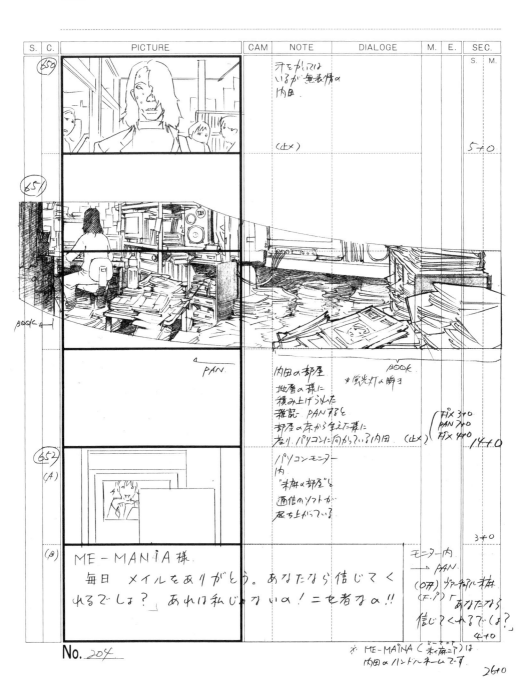

マッド・ハウス

memo.

S.	C.	PICTURE	CAM	NOTE	DIALOGE	M.	E.	SEC.
								S. M.
	653			パソコンこむて内田ロパク有り但し声はヴァーチャル未麻	(V未)「あれは私じゃないの!ニセ者なの!」			3+0
	654	勿論さ　未麻りんがやるわけない 本当の未麻りんは僕が守ってあげる		★ パソコン内 内田の文字 (→PAN) "本当の…"以下、リアルタイムに打ち込み。				(5+0)
	655	信じているわ　ME-MANIAさん		★ V.未麻の返事 (→PAN) (OFF)(V未) リアルタイムに打ち込み。"信じているわミーマニアさん"				(5+0)
	656		密着3T 壁センターへ 内田	内田の後姿と壁一面にびっしり貼られた未麻のポスター切り抜き生写真等 各未麻たちが話しかけ(ロパク有り)	(V未)「私は何ひとつ変わらない。いつまでもあなたと一緒よ」			5+0
	657	早く未麻りんの歌を聞きたいよ!		★ パソコン内 リアルタイムに打ち込み。				(4+0)
	658		密着3T/B 壁← 内田→	内田の背後の壁にも多数の未麻の写真やロパク	(V未)「でもニセ者が私のジャマばかりする。どうすればいいの?」 (SE) カタカタカタカタ…(内田のキーボードを打つ音)			7+0

No. 205

25+0

マッド・ハウス

memo.

S.	C.	PICTURE	CAM	NOTE	DIALOGE	M.	E.	SEC.
	659			モニター内				4+0
	660			内田アップ 奥の写真ロパン V.末のセリフに だぶる様に ロえが並ぶ(花笑ったカシ)	(V.末)「ありがとう ミーマニアさん」 (3+0)			
				回り込みスタート (→BG←キ)				
				回り込んでいくと ヴァーチャル未麻 がハイして来。				
				回り込みエンド (V.末)	(3+0)「あなただけが 頼りなの」			9+0
	661			内田を抱く ヴァーチャル未麻 こういうポーズから (SE)サアアアア... スケットの雨の音がノイスの ようにF.I.				7+0

No. 206.

20+0

マッド・ハウス

memo.

S.	C.	PICTURE	CAM	NOTE	DIALOGE	M.	E.	SEC.
	662			雨に煙る港 →PAN 傘もささずに 佇む陽子(麻) と睦子(更利)の2人	(SE)ザアアア (OFF〜ON) (麻)「私……もう自分のことが 分からない……」 (更)「ねぇ、一秒前の自分と今の 自分がどうして同じ人間だって 分かると思う？」			
	663			フェリー乗船橋 の傍に立つ2人 雨に濡れた地面を 風が渡る	(麻)「え？」 (更)「ただ記憶の連続性、 それだけを頼りに 私たちは一貫した 自己同一性という幻想を 作り上げている」			16＋0 9＋0
	664			びしょ濡れの 陽子(麻) BG ゆっくりヨリ(↑)	(麻)「先生、私怖いん です 私の知らないところで もう一人の私が 勝手に……」			
				睦子(更利)の 手が優しく 肩を抱く ハッとする陽子(麻)				7＋0
	665			陽子(麻) 睦子(更利)の 方へ顔上げる	(更)「大丈夫、 幻覚が実体化 するなんてありえ ないもの」			

No. 207

32＋0

マッド・ハウス

memo.

S.	C.	PICTURE	CAM	NOTE	DIALOGE	M.	E.	SEC.
	665			ふと気付く.				S. M. 6+0
	666			ギャラリーの中に警備員姿の男、内田である.				2+0
	667			内田寄り				1+12
	668			驚く未麻.	※後引:年麻かけりギリギリ入れなくなってるカンジ	(OFF) 監「カット!!」		2+0
	669			未麻・典利の奥にドラマのスタッフ 未麻一歩後ろへ	監「未麻ちゃんどうした?」			
				監督の方見て.	未「ごめんなさい!」			5+0

No. 208

16+12

マッド・ハウス

memo.

S.	C.	PICTURE	CAM	NOTE	DIALOGE	M.	E.	SEC.
	670			麻央と恵利 恵利 腕組みしながら ※別に麦地恵のワケじゃありませんが雨でちょっと寺をしてるというカンジ 麻央、恵利の方を向いて謝る	恵「あーもうやな雨だね。風邪ひきそう」 麻「すいません」			S. M. 5+12
	671			麻央 頭上げる この後ちょっと間				
				内田のいた方を振り向く (→付ける)				3+12
	672			C.666 同ポ 内田の姿はない				4+0

No. 209

1+10

マッド・ハウス
memo.

S. C.	PICTURE	CAM	NOTE	DIALOGE	M. E.	SEC. S. M.
673			スタッフの車の ルーフを激しく 叩く雨 車の奥、機材 運ぶスタッフ AD IN・OUT いいがら	(SE)ザァァァ (雨がトタンやケツ叩ろ) (OFF～ON～OFF) (AD)「撤収! 撤収!」		5+0
674			車備橋の下で 雨宿りしてる プロデューサー手嶋 カット頭 スタッフ 横切る (INなし) 手嶋のセリフの 最中にIN して来る 手嶋 空を見上げて 渋谷のセリフ後、 スタッフ一人 IN・OUT 機材が バタバタ 音をたてる	(手)「まったく ただでさえ 押してるってのに!」 (階)「ま、役者さんには 予備日貰ってますから」 (渋)「渋谷ちゃん、 最後まで書いて から死んだのが せめてもの救い だね」		14+0
675			高架の道路 走行中の 田所の車 → Follow			5+0

No. 210

5+0

ART WORKS II
── 美術設定

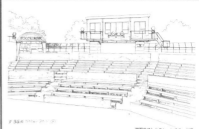
遊園地アトラクションステージ②

遊園地ステージ前広場

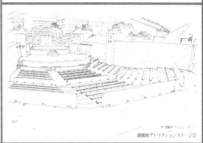
遊園地アトラクションステージ①

未麻の部屋 クロゼットとキッチン

未麻の部屋①

未麻の部屋 ユニットバス

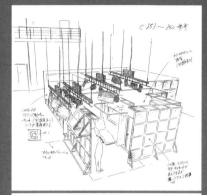
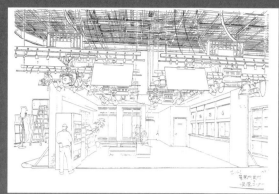
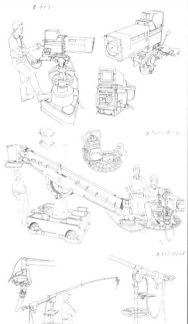
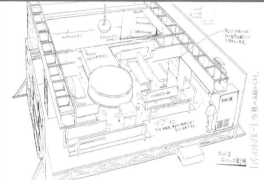

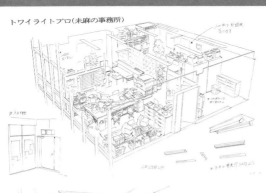

トワイライトプロ（未麻の事務所）

デパート屋上イベント楽屋

ART WORKS II ― 美術設定

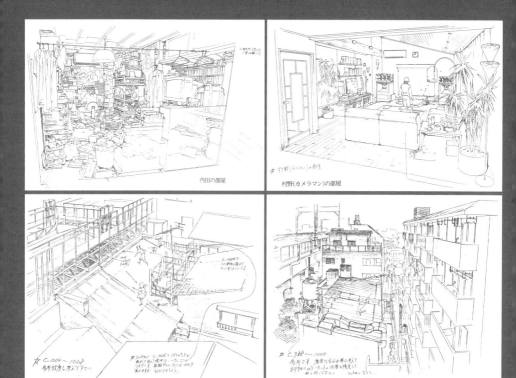

遊園地のステージの楽屋

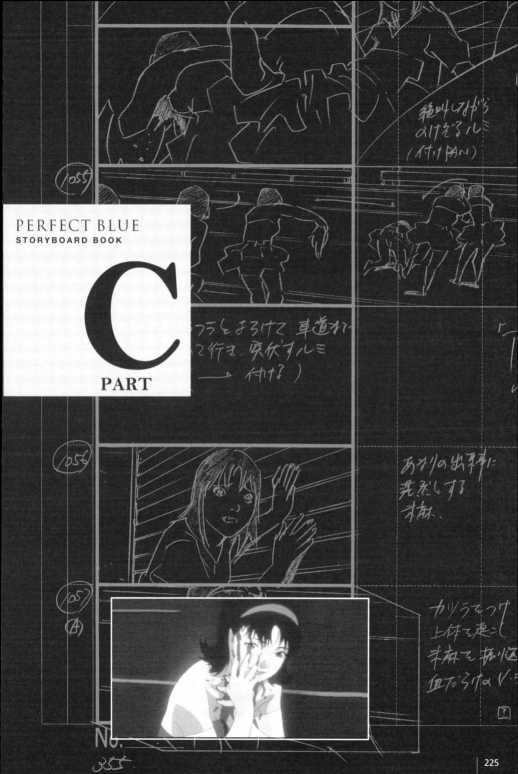

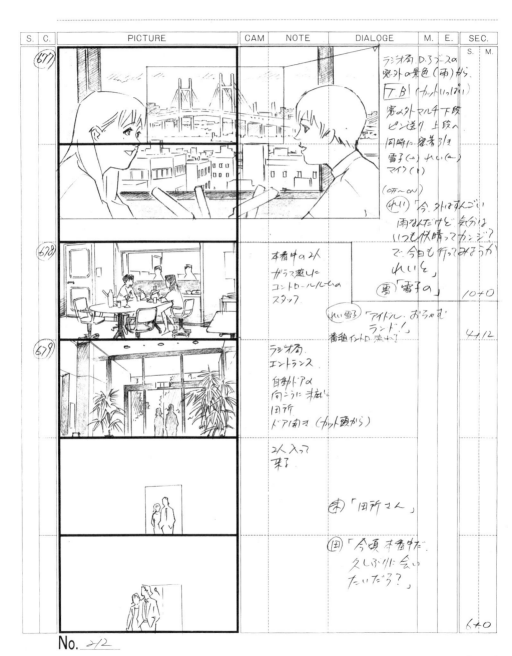

マッド・ハウス

memo.

S.	C.	PICTURE	CAM	NOTE	DIALOGE	M.	E.	SEC.
	600			パッと明るい顔になる未麻(ぎるだがする) 田所 OUT.				S. M.
R				未麻 OUT				3+0
R	601			宿内廊下のソファに矢田 アイドル雑誌を読んでいる (3+0)				
				ヴァーチャル未麻 軽いスキップで IN・OUT (物理法則を無視した動き ex 月の上歩いてるみたい)				
				V・未麻OUT後 間あって ふと気配に気付いて顔上げ 矢田				
R	602			矢田の見た目 ドアのひとつが ゆっくりと開ける (完全に開ききるまで) (SE) ガチャッ				7+0 3+0

No. 213

3+0

マッド・ハウス

S.	C.	PICTURE	CAM	NOTE	DIALOGE	M.	E.	SEC.
	683			DJブース内 リスナーからの葉書読む雪子	(雪)「アルバムで早く出してくれェ…と言うのは、板橋区のソーティ2Dさん」			5+0
	684			それを受けてれい	(れ)「来月にはミニアルバムが出るんで、楽しみに待ってって」			4+0
	685			れい、雪子の奥にコントロールルーム。 コントロールルームのドア開けて田所と木棉入って来る。 ディレクター気付く? 振り向く。	(雪)「エー、イベントの方なんですが今週の日曜茨城シムシティで午後2時から行かいます」			7+0
	686			ディレクターに挨拶する田所、木棉。(八気味)	(ディレクター)「久しぶり」 (田)「おじゃましに来ましたぁ」 (off)(れい)「近くの方も遠くの方も是非いらして下さい」			

No. 214

1840

S.	C.	PICTURE	CAM	NOTE	DIALOGE	M.	E.	SEC.
								S. M.
	686			未麻、ブース内の2人に手を振ろうとして—				4+0
	687		× ×	—回る。	(OFF)(雪)「エーそれでは			2+0
	688			ブース内。雪子とれいの間に、ヴァーチャル未麻	おチャムランドは来週のこの時間まで」(雪山)「せーの」			4+0
	689			満面微笑のV.未麻 ちょっと身を乗り出しマイクに近づくカンジ	(一同)「バイバイ」			2+0
	690			怯える未麻				
				思わず半歩後退りして 田所にぶつかり—				

No. 15

12+0

C Part 229

マッド・ハウス

memo.

S.	C.	PICTURE	CAM	NOTE	DIALOGE	M.	E.	SEC.
690				すが3様が目で 田所を見上げ (→付けPAN) 田所「？…」(OFF) カンジ𝑦 見返す	(ディレクター) お疲れ様 でした			3+0
691				ブース内 V.未麻 笑 ながらOUT. 手前の2人 リスナーからの手紙を ネタに喋っている	盛り上がりたくないから			1+12
692				C690同ポ ブースの方を 見てる未麻 田所、ブースの 方を見る				
				未麻 身を翻 して 右へOUT.				
				田所 振り 向く？	田「未麻？」			4+0

No. 216

8+12

マッド・ハウス

memo.

S.	C.	PICTURE	CAM	NOTE	DIALOGE	M.	E.	SEC.
								S. M.
	693			ブース内の雪とれい コントロールの方見て (横向く途中から)	(れ)「田所さんだ」			
				れいの後ろのドア ゆっくり 開ける	(雪)「あん？今出てたの……」			5+0
	694			局内廊下 走る未麻の足 → Follow (カメラブレ)				2+12
	695			走る未麻 → Follow (カメラブレ)				2+0
	696			局内廊下 ヴァーチャル未麻 IN				
				ポーンと奥へ 飛んで行く 付けて PANUP(↑)				

No. 217

9+12

C Part

マッド・ハウス

memo.

S.	C.	PICTURE	CAM	NOTE	DIALOGE	M.	E.	SEC.
	696			軽いステップ？ 奥へ～				S. M.
	697			遅れて未麻 IN V・未麻 . 廊下 突き当りで タンと右へOUT (床) V・未麻 着地して ステップ 局のスタッフ男女 奥へ歩く V未麻 OUT				4+0

No. 218

440

マッド・ハウス

memo.

S.	C.	PICTURE	CAM	NOTE	DIALOGE	M.	E.	SEC.
								S. M.
	697			曲り角、麻 走ってくる				
				スタッフと思いきり 激突(→付けPAN) テープやリールの入った箱 散乱(中味は出てなくていいです)	麻「アッ！」 スタッフ「キャッ」			
				つんのめる麻				2+12
	698			転んで、 壁にぶつかって 止まる 付けPAN(かな☆カメラ上まで きらない)		Ac		
				かなり激しく ぶつかって はね返る	ド！ッ			0+18

No. 219

3+06

C Part 233

マッド・ハウス

memo.

S.	C.	PICTURE	CAM	NOTE	DIALOGE	M.	E.	SEC.
								S. M.
	689			V. 未麻 Follow (え) V. 未麻 スライド (え)(Followの角度と少し変える) 明るい笑顔				
				目開けて 後(未麻の方)を見て				
				不意にサッと 右へOUT				1+18
	700			立ち上がる 途中から				
				立ち上がりながら				
				走り出し 大きく手前へ OUT (カットがしピンボケ?)				1+18

No. 220

3+12

234 | 今 敏　絵コンテ集『PERFECT BLUE』

S.C.	PICTURE	CAM	NOTE	DIALOGUE	M.	E.	SEC. S. M.
701			ボケた(マルチ) 人物が 大きくまざる				
			廊下背動　グラBG + 柱.照明等のパーツ(セル) 軽やかに ステップするV麻. (但し速度は 全力疾走してくらい)				
			歩いてる人を				
			ーさっとよける.				
			立ち話してる ロックバンドを よける				
			バンドの一人 手前へ大きく まる (もうしし大きめすで まる.ラスト(1～2枚) マルチ上段でボケ)				2+12

No. 22/

2+12

マッド・ハウス
memo.

S.	C.	PICTURE	CAM	NOTE	DIALOGE	M.	E.	SEC.
	702			ボケた人物(マルチ) 大きくすぎる				S. M.
			FOLLOW	走る未麻	「ハッ ハッ ハッ ハッ……」			
	703		カメラうしろ	未麻の主観風 (OFF)(未) 全作画 1.未麻 曲がり角を ガッとOUT 曲がり角で平る	「ハッ ハッ ハッ」			1+18
								1+12
	704			部下 曲がり角 未麻(IN気味で) 走って曲がろうとして ちょっとたたらを踏んで 壁に手を付き 手前へOUT				2+0

No. 222

5+6

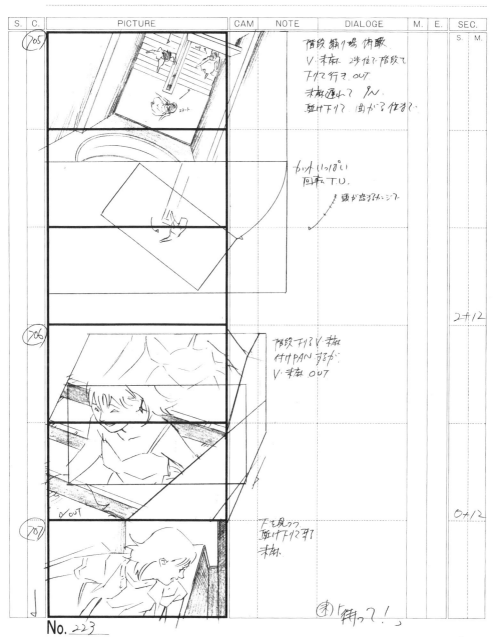

マッド・ハウス

memo.

S.	C.	PICTURE	CAM	NOTE	DIALOGE	M.	E.	SEC.
	707			角で曲がりかけるくらいまで。				1+6
	708			V.麻 着地したカンジ? 一寸上げる 髪の毛フワッと 戻したり (12Kくらい)				
				カメラOUT				1+6
	709			駆け下りる麻 Follow カット頭 画面いっぱい から。	(未)「あんた誰ッ!?」			1+18

No. 224

4+6

238　今 敏　絵コンテ集『PERFECT BLUE』

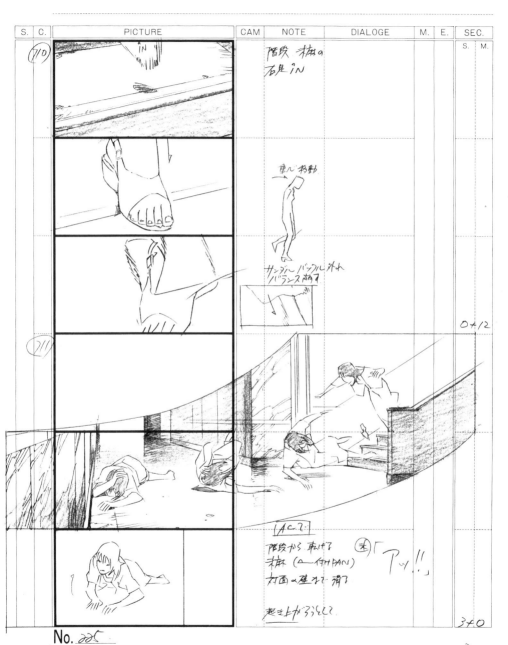

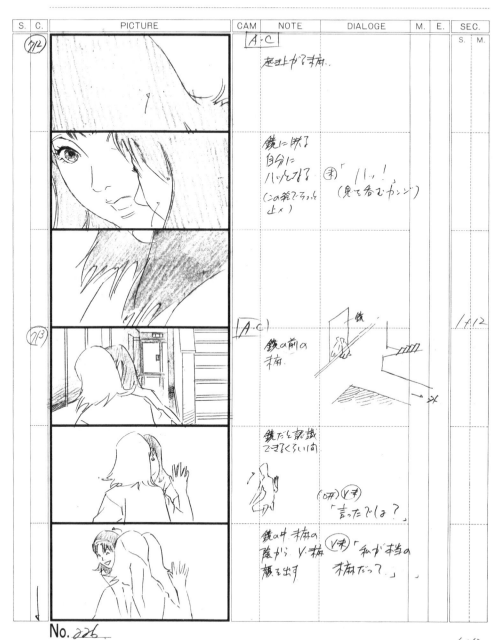

マッド・ハウス

memo.

S.	C.	PICTURE	CAM	NOTE	DIALOGE	M.	E.	SEC.
								S. M.
	713			後ろへポーンと飛び退くV未麻. (そのままV未麻 廊下で奥へ.)	V末「フフフ」			
				パッと振り 向きつつ—				
				走って—				
				OUTする未麻 (実像) 鏡像のけ奥へ.				6→0
	714			アスファルトの 窪みの水溜り 雨が作った波紋. —カット以後.D・F	(OH8)			
				V未麻の足 IN 水溜りを蹴ってOUT. (音と重みは無いと思って下さい)				

No. 227

6→0

C Part 241

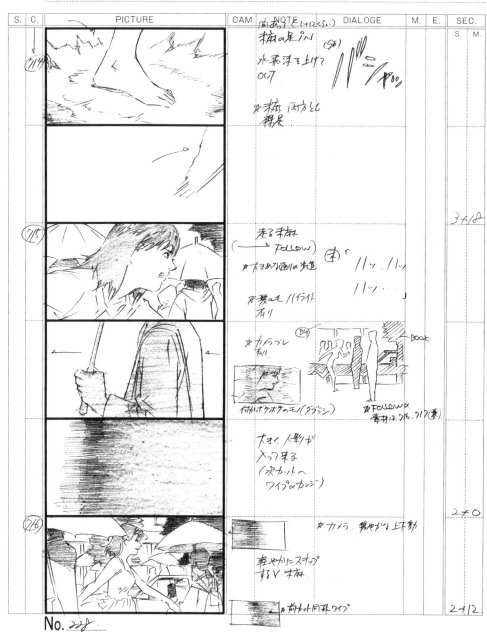

マッド・ハウス

memo.

S.	C.	PICTURE	CAM	NOTE	DIALOGE	M.	E.	SEC.
								S. M.
	717			走る末麻アップ。→FOLLOWかカラづレ	⑨「ハッハッ」			1+0
	718			バス停に並ぶ人や歩行者				
				V:末麻 INして リスミカルに 奥へ				
				人居へOUT				
				末麻 IN				
				通行人(OL)にぶつかりながらも—	α「キャッ」			

No. 229

1+0
C Part 243

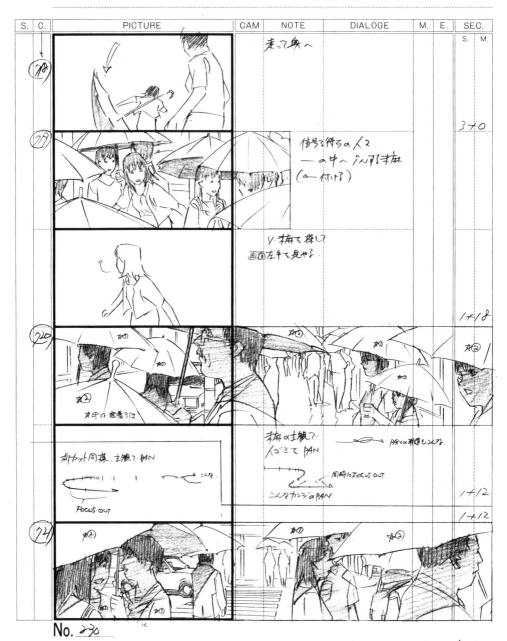

マッド・ハウス

memo.

S.	C.	PICTURE	CAM	NOTE	DIALOGE	M.	E.	SEC.
								S. M.
	222			V.未麻を捜す 未麻 望遠回り込み風 密着マルチ BG・Aセル →ヒチ BOOK・Bセル→ヒチ 未麻 　止メ 更に手前の人 ←ヒチ				
					もう一度石見 たあたりに			
				V.未麻 左手から INして止まる (回り込み終り) (240くらい)	ⓋⓂ「フフフ. 未麻は2人も 要らないよね」			
				V.未麻 右へ クッとOUT.	㊊「あ!」			
				追って未麻も OUT.				
								6+12
					未麻			

No. 231　　　　　　　　　　　　　　　　　　　　　　　　　　　　　6+12

C Part

マッド・ハウス

memo.

S.	C.	PICTURE	CAM	NOTE	DIALOGE	M.	E.	SEC.
	227				オオオオ			0+18
	228 (A)			驚く才麻 (スローなカンジ) ♯BG→ヒチ C.226兼用				1+0
	228 (B)			迫るトラック				
				作画で運転席の 内田のアップで				0+12
	228 (C)			才麻に迫る トラック 眩しいヘッドライト	㊥「キャアアアア			
				カット尻 スローになって ホワイトアウト				2+12

No. 234

4+18

マッド・ハウス

memo.

S.	C.	PICTURE	CAM	NOTE　　　　DIALOGE	M.	E.	SEC.
	229		(パン)	未麻アップ 固く閉じた状態から パッと見開く。ヨパチ 2〜3回。 (同時にQ.T.B) →T.B ケツに詰める (TBはカットいっぱい)			2+18 S. M.
	230			未麻の部屋 (夕方7:00くらい) ベッド上の未麻 (2+0-) ※ロケシーンとの光巻合わせ？ ゆっくり起き上がる ※エアコンつけ放しだったので ちょっと寒いかんじです			5+0
	231			頭がボーッと してる未麻 つけっ放しのテレビ(PM7:00からのニュース) 時刻は午後7時6分くらい			
				(SE) ピンポーン チャイムの音に 顔上げ？			4+12
	232			ドアのレンズ越しに ルミ 下げてた 顔が(ND) 顔上げ？ (ル)「未麻？」			3+18

No. 235

12+6

C Part | 249

マッド・ハウス

memo.

S.	C.	PICTURE	CAM	NOTE	DIALOGUE	M.	E.	SEC.
								S. M.
⑫	232 (A)			パン開き 未麻 出て来て─ ※前カットの ルミの上で位置考えると 変ですが、分かりやすいと 思いますが…				
				ルミに勢い よく抱きつく →付ける	(未)「ルミちゃあ ─ん！」			3+12
	233 (B)			テーブルの上の 紅茶とケーキ (湯気無し です)	(中)(未)「何か 久しぶりだね」			4+0
	234			テーブルを 囲むルミと 未麻	⑭「私も忙しかった から……どう？ 女優の仕事には 慣れた？」 (未)「うん……」			6+0
	235			浮かない カンジの未麻	(未)「大変だけど 自分で選んだこと だから……」			4+0

No. 236

14+0

250 今 敏 絵コンテ集『PERFECT BLUE』

S.	C.	PICTURE	CAM	NOTE	DIALOGE	M.	E.	SEC.
	736			未麻をみつめるルミ。	⑭「フフ 未麻も大人になったじゃないの」			
				ティーカップを取って。(飲まなくてよいです)	⑭「でも、良かったよね 新しい未麻も好評で…」			7+0
	737			C.735寄り 沈んだ表情の未麻	㊍「…うん」			3+0
	738			未麻の方見てるルミ	⑭「…うん、って顔じゃないね」			
				未麻から視線外す	⑭「ね‥未麻… もしかして 嫌がらせとかされてない?」			8+0
	739			C.735寄り ハッと顔上げる未麻	㊍「エ!?」 (㊎)⑭「私も見てみたの 例のホームページ」			4+12

No. 237

22+12

マッド・ハウス

memo.

S.	C.	PICTURE	CAM	NOTE	DIALOGE	M.	E.	SEC.
								S. M.
	740			C.238 同ポ	ⓛ「イメチェンへの抗議にしても…ちょっとね…」			3+18
	741			ルミなめて未麻	ⓛ「見ない方がいいて」 ㊟「え…でもあの方が本当の未麻らしいのかも」			
				ルミ身を乗り出しながら	ⓛ「未麻？」			7+12
	742			望遠回想風 家番引き BG←ピキ ルミと未麻 未麻 BGカットOUT	㊟「心のどこかにもう一人の私… もしも…」			
				言い淀んでちょっと表情暗くなって、次のセリフを一気に喋る	もしもそれが勝手に一人歩きを始めたとしたら…			
				瞳子(潜合未麻)の左手INして未麻の肩をそっと抱く (回想END)	(OFF)㊙「大丈夫幻覚が具体化するなんてありえないもの」			11+6

No. 238

252　今 敏　絵コンテ集『PERFECT BLUE』

マッド・ハウス

memo.

S.C.	PICTURE	CAM	NOTE	DIALOGE	M.	E.	SEC. S.M.
A2			未麻ハッとして	(未)「え？ルミちゃん？」 (OFF) 監督「カット！」			14+0
A3			C.669. LAYOUT兼用 ロケ現場 が但し晴天です 監督ベースのモニターから顔を上げる	(監)「未麻ちゃん 何しゃべってんの？」 ☆スタッフの笑い声 (未)「あ……」			5+0
A4			C.670. LAYOUT兼用 ☆但し晴天 ★C.670と未麻共に 共に芝居は同じです 恵利 腕組みしながらセリフ 未麻 恵利の方向い? 向ける	(恵)「なんか ここのセリフ 夢に出て来そう」 (未)「すいません」			5+0

No. 239

24+0

マッド・ハウス

memo.

S.	C.	PICTURE	CAM	NOTE	DIALOGE	M.	E.	SEC.
	745			C.671. LAYOUT 転用 但し晴天 未麻、顔を上げ (ここまでは671と 芝居は同じ) フと気付く				2+0
	746			C.666. LAYOUT 流用 *但し晴天. ギャラリーの中に 警備員姿の 内田 (止メ)				1+12
	747			未麻を見ている 内田. *C.667より 寄りサイズ. (止メ)	(注) トラックの音F.I ゴオオオオ			3+0
	748			引きつく未麻 もう二回りくらい 引いたサイズから 左の袋くらいまで T.U BG もう少し カットいらない (止メ)				3+0
	749			メイクを更利と 未麻. メイク.更利の妻 正してるカンジ 受けるカンジ? 少なく1〜2歩 後退る未麻 (注)				

No. 240

9+12.

マッド・ハウス
memo.

S.	C.	PICTURE	CAM	NOTE	DIALOGE	M.	E.	SEC.
								S. M.
	749			更利に軽くぶつかって止まる 更利とメイク未麻を見る ㊚「どうした？」				
				未麻 うろたえて 更利を見て ㊛「あ…いえ…」				
				もう一度、目で 内田のいた方を 戻す。				6+0
	750			C.666. LAYOUT 兼用 内田の姿は 無い。 （止×）				3+0
	751			未麻 俯瞰 地面の水溜リに 空が映る。 ゆっくり流れる雲 (OFF) 軽く風になびく髪 ㊙「じゃ、もう一度 頭から行くよ」				
				未麻 ハッとした瞬間 雲に隠れていた 太陽が現れ 水溜リが真白に 光り WHITE OUT ㊙「はいテイク2！」				8+0
No. 241				□ 真白画面(+0~)				17+0

C Part 255

S.	C.	PICTURE	CAM	NOTE	DIALOGE	M.	E.	SEC.
								S. M.
	752			C.729.同				
								2+18
	753			C.730.同				
								5+0
	754			C.731.同				
								4+12
	755			C.733(日)同	(0ff) (未)「ルミちゃん 久しぶりだね」			4+0

No. 242

16+6

マッド・ハウス

memo.

S.	C.	PICTURE	CAM	NOTE	DIALOGE	M.	E.	SEC.
	756			C.736 同ポジ	ル「エェ？何言ってんの 昨日も来たじゃないの」			4+0
	757			壁ぞうり未麻の横顔 ティーカップを持った両手iN	未「昨日は…本当だったの？」			5+0
	758			C.736 同ポジ ルミ、視線落し ティーカップ取って (タンスの上の女優り 736に同じ) 未麻の両手震え大きくクリ カップを割る (SE) ガチャン	ル「歩み未麻」 (3+0)			
				驚くルミ	ル「未麻!?」 手がけて くらいで			5+12
	759			ルミ 未麻の手を取って下ろす	ル「どうしたっ 言うっ！血が出てるじゃないの！」 (4+0)			

No. 243

14+12

C Part 257

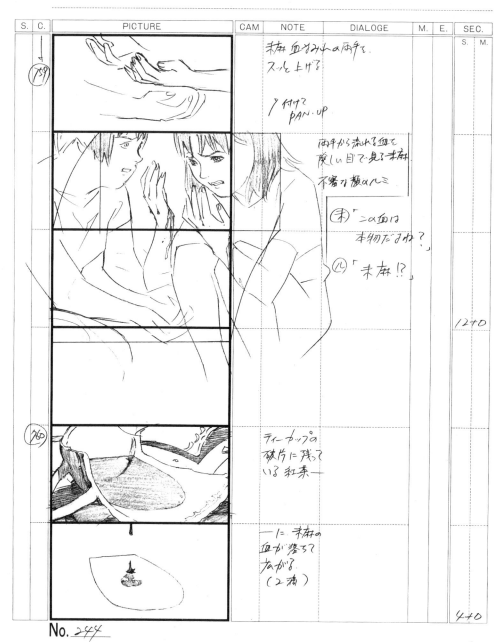

S.	C.	PICTURE	CAM	NOTE	DIALOGE	M.	E.	SEC.
(761)(A)		今日は原宿で買物。ールには目がないの		モニター内H.P"未麻の部屋"日記	(2+12)			S. M.
(B)				街角のショーウィンドウで頭さげて未麻手に紙袋 盗み撮りのカンジ	(2+12)			
(C)		F.G.G.		同じく盗み撮りされた未麻 手に紙袋 (前カットと同じ物)				8+0
(762)				モニター見つめる未麻のアップ	未「私…原宿 行ったんだ…」			4+12
(763)				部屋の明かりつく。水槽とモニターの光だけ(室内.正×)時折マウスのクリック音				5+0
		#764.765は(R)						

No. 246   245は有りません。

17+12

マッド・ハウス
memo.

S.	C.	PICTURE	CAM	NOTE	DIALOGE	M.	E.	SEC.
17	265			浮かび上がる 未麻 ＊OF＋夜ガラス 部屋の中を 漂う				S. M. 8+0
	266		T.B	グラスの中の アルカセルツァー (みたいなヤツ)の泡 染 無いです 瞳子(真利)の 手が入して グラスを取り OUT	(OFF)(桜木) 「それじゃ…」			4+0
	267			カウンセリンブルーム(セット) 山城(桜木)と 瞳子(真利)	(桜)「殺人鬼は 彼女が作り出した 幻影なんスか!?」 (真)「そう…」			5+0

No. 242

9+0

マッド・ハウス

memo.

S.	C.	PICTURE	CAM	NOTE	DIALOGE	M.	E.	SEC. S. M.
	268			睡子(充判) 寄り (止メロパン)	(恵)「彼女は居もしない警備員に伝え、やがてそれをトップモデル連続殺人の犯人と重ね合わせていた」			8+0
	269			さっぱり合点のいかない山越(桜) (桜子) (止メロパン)	「けど、幻影じゃ人は殺せないッスよ」			3+0
	270			睡子(充判) クローズアップ 目パチして	(恵)「でも‥‥」			
				鋭い視線で正面見て	幻影が依代を見つけたとしたら?」			5+0
	271			BOOK(A) BOOK(B) 村野の部屋のプロジェクターに映し出された山越(桜)から T.B	(桜)「依代? まさかあの殺された男たちが…!?」 プロジェクターの睡子(充判)のアップ (恵)「そう、彼女にとって彼目の終わった者たち」 (F.9×4.0 T.B 6+12			7+12

No. 248

25+12

C Part | 261

マッド・ハウス

memo.

S.	C.	PICTURE	CAM	NOTE	DIALOGE	M.	E.	SEC.
								S. M.
	772			ビールを片手に ダブルバインドを 見てる村野	(OFF)(兎) 「山城君、 早く彼女を 見つけ出すのみ。 次の署者が 出る前に、」			
				チャイムの音に 振り向く	(SE) ピンポォン			8+0
	773			デリバリーの ピザ				3+0
	774			村野の部屋 玄関。	(村)「いくらだっけ？」			
				ピザ屋 ドサッとピザを 落とす				
				(間)(3+0．)				
				村野ピザを 拾おうと 一歩前に出る カンジ	(村)「変わったピザ屋 さんだ、」			9+0

No. 249

20+0

マッド・ハウス

memo.

S.	C.	PICTURE	CAM	NOTE	DIALOGE	M.	E.	SEC. S. M.
	225		A.C	腰をかがめる 村野				
				ピザ屋 アイスピックを 構え— (←付ける)				
				一歩前へ 出て アイス ピックを村野 目がけて 突き出す				3+12
	226			村野の左目 へ—				
				グサッと 刺さる。				
				血がしたた ってきて。				

No. 230.

3+12

C Part 263

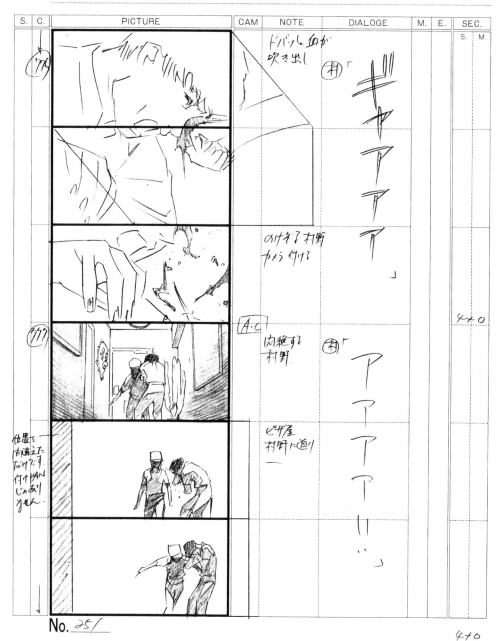

マッド・ハウス

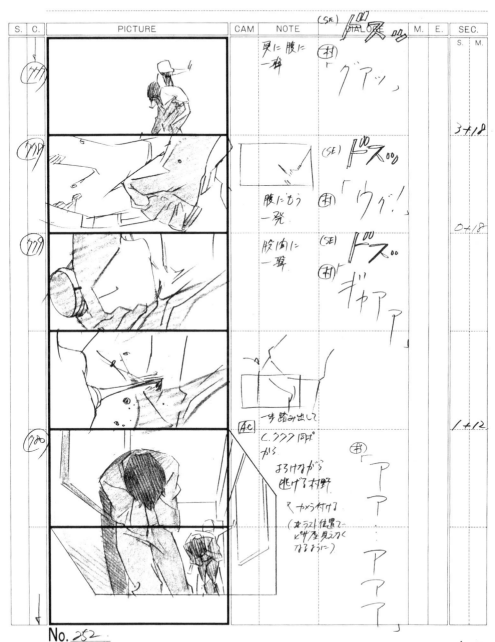

C Part

マッド・ハウス

memo.

S.	C.	PICTURE	CAM	NOTE	DIALOGE	M.	E.	SEC.
	780			大きく手前へ				S. M. 3+0
	781			リビングに逃げ込んで来る村野 (スタートコンテの絵より少し前)。ドアに手をかけ	「ウウ!」			
				閉めながらけへ。				
				鉄のフレーム ドアに寄りかかるかんじで閉める。				2+18
	782			目を押さえ悶絶する村野、仰り	「アアアア!!」		スイマセン直木? (1+0)	
				背後にアイスピックを振り上げるピザ屋。				

No. 253

5+18

memo.

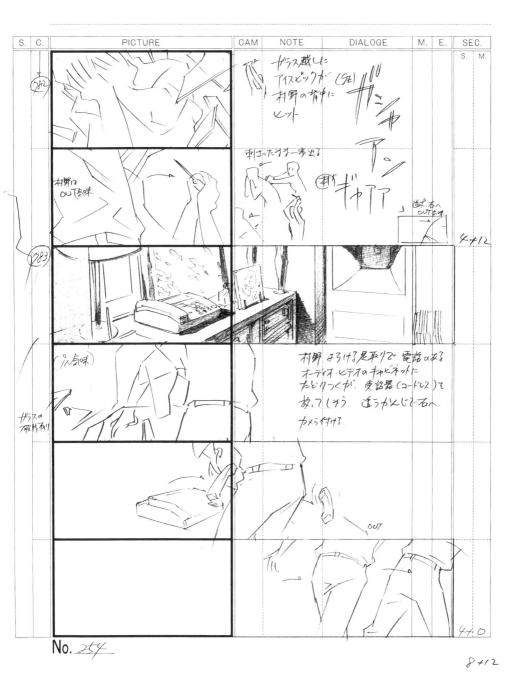

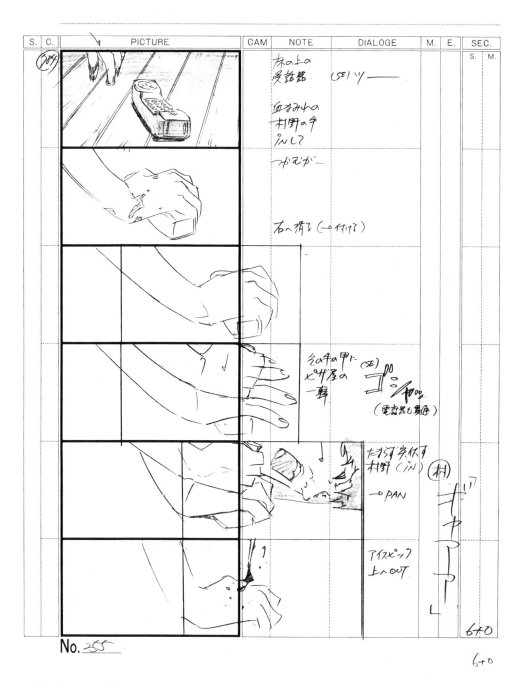

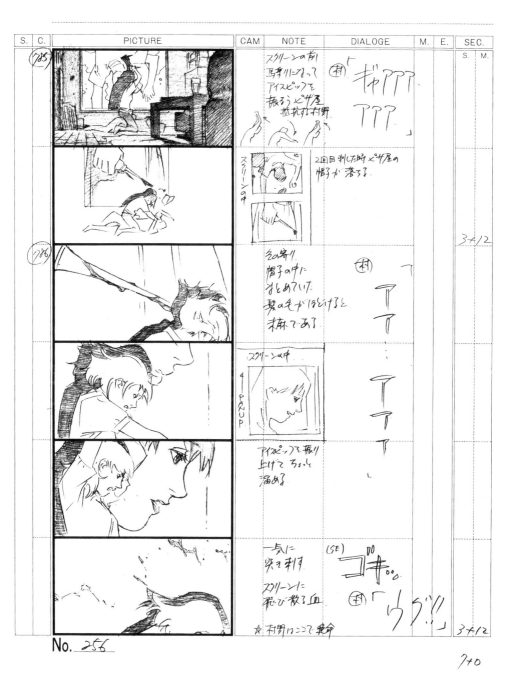

S.	C.	PICTURE	CAM	NOTE	DIALOGE	M.	E.	SEC.
								S. M.
287	(A)			アイスピックで 振るう未麻 逆光 カットいっぱい 鋭くT.U. 奥にプロジェクター の光				
				カットラスト 刺した後 振り上げようと するところで 次カットへ	(*作画リピートで)			5+0
	(B)			C.287 (A)の 中にインサート B.C.D. 未麻の裸身 (白コマ1+2k)				
	(C)			*Rは目安で (白コマ1+3k)				
	(D)			(白コマ1+3k)				

No. 257

5+0

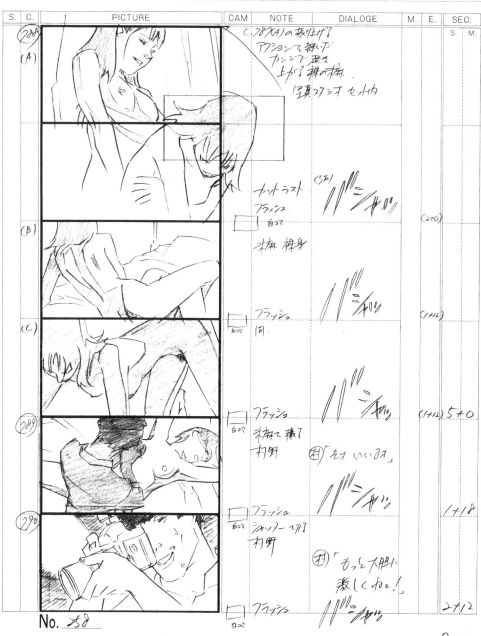

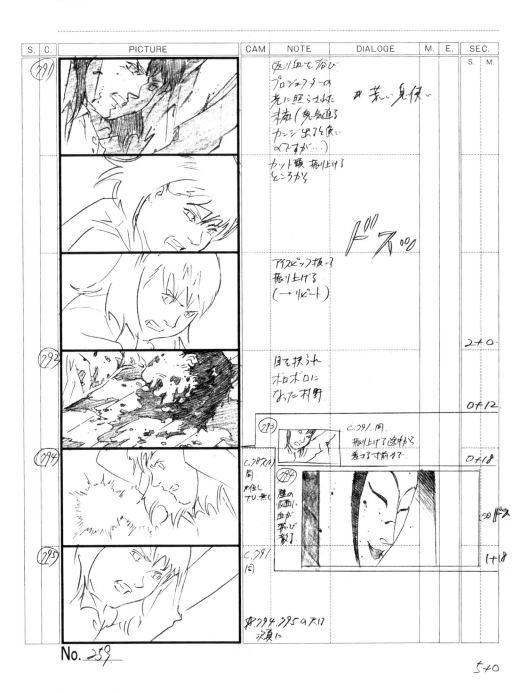

マッド・ハウス

memo.

S.	C.	PICTURE	CAM	NOTE	DIALOGE	M.	E.	SEC.
								S. M.

※ 294A,B,C,D は
299 295 の中にインサート

294 — 0+18
294(A) — 0+6
295 — 0+18
294(B) — 0+6
295 — 0+18
294(C) — 0+6
295 — 0+18
294(D) — 0+6

294 295 296
ノーマル
4+0

(D) 294α寄り
C297(A)同

ニニオ2-17. C787(A)に
同じで

カットラスト. 振り上げ?
ポーズ 更に大きめに取る.
バック・プロジェクター α
光 いっぱいに入り
画面. WHITEOUT

(OFF)監督「1211
テイク3!」

2+18

No. 266

6+18

マッド・ハウス
memo.

S.	C.	PICTURE	CAM	NOTE	DIALOGE	M.	E.	SEC.
								S. M.
	297 B			パッと目を開ける 未麻 同時にQ.T.B T.B.はカットいっぱい 2,3回目バク	「ハッ」 (見参るカンジ) オスイマセンコンテの都合 もう少し引いたところで			2+18
	298			(C720とLAYOUT) 未麻の部屋 午前9:00過ぎ			(+0)	
				立ち上がる 未麻				
				両手で見る				5+0
	299			生々しい夢(井野が殺す) の感触に 怯える未麻 (出X)	(SE) プルルルルル			
				電話の音に ドキッとして 顔を上げる				5+0

No. 26
12+18

マッド・ハウス

memo.

S.	C.	PICTURE	CAM	NOTE	DIALOGE	M.	E.	SEC.
	800			テーブルの上の電話 (子機)を取る末麻	(SE) プルルルルル			
					(SE) ピッ			
					(末)「…はい」 (所)「末麻か!?」			6+0
	801			事務所の田所 ※事務所が電話の音や大勢(?)いる者の声で騒然としている	(田)「そっちは大丈夫か!?」 (所)(末)「エ?」 (田)「まだ知らないのか？ 村野さんのことを！」			4+0
	802			末麻 ちょっと考えて(BY4 (ハ2B)) ハッとカオ(2+0) うろたえる	※考えてる(間) TV.(BG もと) コンテの後マリ3ってヒを引いた くらいから (末)「村野さん…!?」 TVスイッチON (T.B)→Q. PAN.→ピン送り 物々しく事件を伝える 末 上B ワイドショー (愛もり) (末)「本当に村野さんが!?」			4+0
	803	FIX 4+0 Q. PAN 0+6 FIX 14+12						(5+18)

No. 262 …によりますと村野さんは領利的な物で全身をメッタ刺しに土れており / 個人的な恨みによる犯行と見て…

29+18

C Part 275

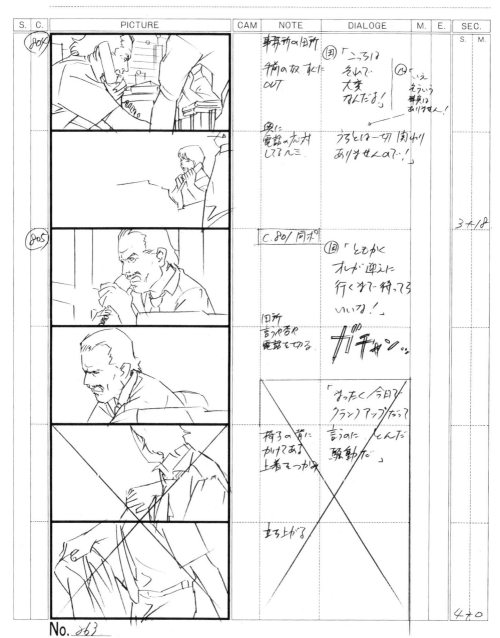

マッド・ハウス

memo.

S.	C.	PICTURE	CAM	NOTE	DIALOGE	M.	E.	SEC. S. M.
106	7			慌ただし気に OUTしてく田所 電話受ける ルミ	田「後は 頼んだぞ」 ル「はい… はい… でも今から」			左 そう言われても うちとしては は
				一と矢田	ル「あ 私も 行きます！」			
				矢田に受話器を 渡し田所を 追うルミ(→付ける) OUT	矢田「あ…るっ!!」			
				矢田 2人の OUTした方見て	矢田「勘弁してネ!」			2+0
	あ)			呆然として 未麻 手にしていた受話器 落とす				
				Tシャツのサイズ だったこと 思い出しハッ として 一歩踏み出す				4+0

No. 264

4+0

マッド・ハウス

memo.

S.	C.	PICTURE	CAM	NOTE	DIALOGE	M.	E.	SEC. S. M.
	808			クロゼットの前に来る。未麻(ぷん気味)				
				ドア開ける。				3+0
	809			クロゼットのドア更に開く。				
				中に紙袋。(オムパペに H.Pが頭に被っていたモノ) 袋の口から衣類が見えてる。				2+12
	810			住寄が顔の未麻 (中身では覚えのない袋なのです)				
				ちょろ身をかがめる。 ここはマルオさん。				3+0

No. 265

8+12

マッド・ハウス

memo.

S.	C.	PICTURE	CAM	NOTE	DIALOGE	M.	E.	SEC.
	811			C.809 兼用 未麻の左手 (7ん気味) 袋の口をそっと 開く。 (SE)				S. M.
				──と中の表情 に着いた血の しみが見え ちょっと間 あって				
				サッと左手 OUT. 袋はゆっくり 手前へ倒れる。				2+12
	812			ギョッとして				
				たじろぐ末麻 (SE) バサッ (袋が左に 落ちた音) ラスト 止めて1間 (2十0-)				3+12
	813			未麻の足元 袋からこぼれた 帽子とシャツ(出きの間) 大量の血が付着した それは夢の中で村野を 殺したピザ屋と同じ服。				

No. 266

6+0

マッド・ハウス

memo.

S.	C.	PICTURE	CAM	NOTE	DIALOGE	M.	E.	SEC.
	⑬			左足を引く				
	⑭		A.C	クロゼットの前の未麻 休眠 一歩下がく				4+0
				もう一歩下がるかけるとチャイムの音 (SE)	ピンポォン			
				ーに驚いてバランス崩す				
				うろたえて左右見て。				
				血の付着した衣類を片付ける (SE)	ピンポォン			7+0

No. 267

11+0

280 | 今 敏 絵コンテ集『PERFECT BLUE』

マッド・ハウス

memo.

S.	C.	PICTURE	CAM	NOTE	DIALOGE	M.	E.	SEC.
	815			クローゼット内に掛けられたたくさんの衣類				S. M.
				―を掻き分け未麻が紙袋で押し込み	(SE) ピ・ポオン			
				OUT				3+0
	816			クローゼット前急いでジーンズをはきながら				
				慌ただしくOUT（ボタン ジッパーはめてくてないです）	(SE) ピ・ポオン			2+18
	817			玄関	(140)			

No. 268

5+18

C Part | 281

マッド・ハウス

memo.

S.	C.	PICTURE	CAM	NOTE	DIALOGE	M.	E.	SEC.
								S. M.
	817			柄の左手 INして、ロック を外す	(SE) ガチャッ			
	818			途端、ドアが 開き、チェーン ロックがいっぱいに 張る	ガッ			2+12
				驚いて未麻 たじろぐ				
				狙い撃ちから 我先に 顔やマイクを 出すTVレポ ーターたち	(ポ1)「霧越さん、カメラマンの 村野さんが殺害されたことで 何いたいんですが」 (レポ2女)「何か御存知ない ですか!?」			4+0
	819			レポーター等 陣間からは カメラのライト (逆光気味)	(レポ1)「脚本家の渋谷 さんの事件とも関係 あるんじゃないですか!?」 (レポ2)「霧越さん!」			3+0
	820		T.U.	次々と起こる 出来事に茫然 として、何も きけない未麻 (色からの 色じからあり)	(OFレポ2)「渋谷さんと 村野さんと三角 関係があったとの 情報がありますが!?」 (OFレポ1)「ヌード写真集でる ラブシーンがあったそうじゃ ないですか!?」 ですか!?」「未麻さん答えて!」			6+0 16+0

No. 269

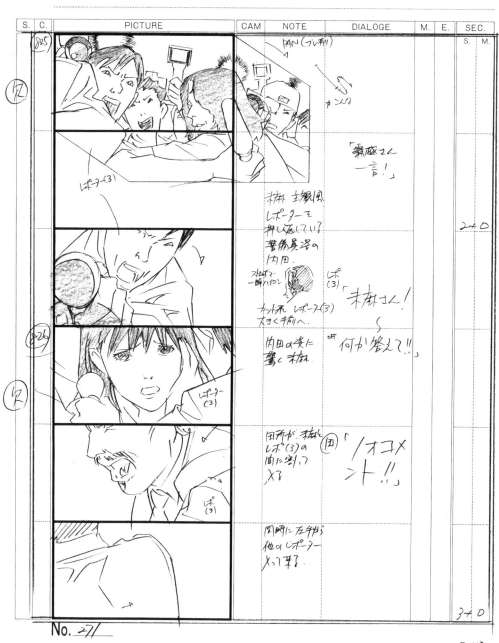

マッド・ハウス

memo.

マッド・ハウス

memo.

S.	C.	PICTURE	CAM	NOTE	DIALOGE	M.	E.	SEC.
	839				⑭「エ?」			6+0
	830			遠ざかる未麻の横顔。(BGパチ無し)(ボクBG→ゆっくピチ)	⑭「ひょっとして…私あの時トラックにひかれて…それからずっと夢の中なのかも…」			7+0
	831			セット内のメイク、AD、矢代、役の男優(30代という設定なので血まみれです)	矢代(暦)「はい そろそろOKかな?」			
	832			AD振り返り。未麻立ち上がる	AD「未麻ちゃんお願い」			4+12
	833			歩いて左へOUTする未麻(上下動少なく幽霊みたいなかんじ)。				
				見送る心配気なルミ。				3+0

No. 273

20+12

S.	C.	PICTURE	CAM	NOTE	DIALOGE	M.	E.	SEC.
	㉞			ストリップ劇場 セットIA. ステージ上に 横たわって支配人 (死体) ↓ PAN・DOWN				S.|M.
				未麻.手前より INして立ち止る AD顔を未麻 に向け	㉑「リハーサルより見苦しく してね.人を殺した1ずかり だんだからね」 ㊥「はい…」			9+0
	㉟			見を荒くして 行く未麻. [T.U](カット いっぱい) BG.BOOK↓ ヒキ	㊥「ハア…ハア… ハア…ハァッ…ハアッ ……」			4+12

No.→㉞

13+12

マッド・ハウス
memo.

S.	C.	PICTURE	CAM	NOTE	DIALOGE	M.	E.	SEC.
	836							S. M.
				ステージ上の 血みどろの アイスピック PAN・UP 激しい血も 横たわる死体 未林の荒い息 が最高潮に 達する。びっくりと 起き上がる死体 血まみれの打明	(OFF)(未) 「ハァッ…ハァッ ハァッ…ハァッ ハァッ/ハァッ ハァッ…			6+12
	837			大きく見て 奥で未林 (OFF)(監)「開演、 スタート!!」	バッ!」			

No. 275

6+12

288 | 今 敏 絵コンテ集『PERFECT BLUE』

S.	C.	PICTURE	CAM	NOTE	DIALOGE	M.	E.	SEC.
								S. M.
	㊼			気が遠くなり 失神して倒れる 未麻. カメラ向けて PAN・UP.				
				未麻 OUT (↓)				
				未麻で遮られて いたライトが カッと光り WHITE OUT				5+0
	㊽			C.397同				2+18
	㊾			C.398同 ↓ ↓				

No. 276

7+18

C Part 289

マッド・ハウス

memo.

S.	C.	PICTURE	CAM	NOTE	DIALOGE	M.	E.	SEC.
								S. M.
	239			C.772の追中に ※このカットでは 手12見せません.				4+0
	240			茫然としてる 未麻. (1+12)	(OFF)(恵)「気がついた?」			
				その声に振り向く 同時に回リこみ スタート				
				未麻の部屋が カウンセリング ルームに変わり 瞳子(恵リ)が	カウンセリングルームは かなりハイキーに ※光源の方向が 未麻の部屋とカウンセリングルームで 不連続なので影どうしようか? 作画がOK?			
				左から入. (恵) 回りこみゆっくり になる.(スライド 白いカテンいっぱい)	(未)「あなたは?」 (恵)「自分の名前は 言えろ?」			
				カウンセリング				9+12
	241			瞳子(恵り) かわって未麻 回りこみ風 鏡の瞳子 → "α未麻 実像の未麻 以上 "α瞳子	(未)「私……私は 霧越 未麻……」 (恵)「そう…仕事 は?」 (未)「…アイドル…」			13+12

No. 277   鏡像

マッド・ハウス

memo.

S.	C.	PICTURE	CAM	NOTE	DIALOGUE	M	E.	SEC.
								S. M.
	244			椅子に孝子 瞳子(東利)				
	245		T.U.スタート		(東)「平たく言えば 多重人格… すべての犯罪は彼女が もう一人の人格になった ときに起こしていた…」			9+0
	246			部長と山城 (枝本) ちょっと体の向き 変える	(部)「それじゃ、陽子の 人格はどこへ行った んだ!?」 (OFF)(東)「元の人格、高倉陽子は」			6+0
	247			悲しみを 帯びた顔で 解説する 瞳子(東利) 井↓TU BG→ヒキ	「彼女にとってドラマの 登場人物に 過ぎなくなった…」			4+0
	248		T.U (BOOK ビシ BG ヒキ) 何事か一人言 ブツブツいってる 未麻 カット尻 顔 正面に向け	マジックミラー 越しの未麻	(OFF)(東) 「…平凡な女の子だった こと、ストリップ劇場で レイプされたこと…すべては ドラマの中の出来事。 そうすることで 彼女は 救われたのさ」			12+0

No. 279

3+0

マッド・ハウス

memo.

S.	C.	PICTURE	CAM	NOTE	DIALOGUE	M.	E.	SEC.
	848			鏡(マジックミラー)に顔近づけ				S. M.
				ニッコリ微笑む未麻	(オフ)(監)「はい　カット—」	(SE↓)		
				止まったオンエア今オンエアシーンが巻き戻されていく(848〜840) 同時にT.Bして サブのモニター C.840のラストのカの終了上がり	「そう…私は女優よ」			10+0
	849			サブコントロールのコンソールの前の千鳩と監督ディスプレイされてる音声が聞こえる	(オフ)(鬼)「自分の名前は言える？」(オフ)(未)「私…私は高倉リカ…」 (1カ)			6+0
	850			サブモニター内ディスプレイされる画面は、C.846兼用	(鬼)「元の人格　高倉陽子はもうどこにもいない　トップモデルの姉を殺し」			6+0
	851			C.847.兼用	(オフ)(鬼)「姉に成り変わることで、彼女は救われたのよ…」			6+0

No. 280

マッド・ハウス

memo.

S.	C.	PICTURE	CAM	NOTE	DIALOGE	M.	E.	SEC.
								S. M.
	256			未麻つめるスタッフ達 (拍手) 笑顔の頁料が セットの陰から 顔を出し スタッフの陰から ルミINして 未麻に駆け 寄ってくる BG←ヒキ スタッフBOOK← 未麻→	見「やったね！未麻ちゃん」 ル「未麻！」			3+12
	257			ルミ (尺気味) 未麻の肩を つかむ 夢で見てるかの ような未麻 ①BG←ヒキ	ル「お疲れ様 よく頑張っ たね」 麻「ルミちゃん …？」			6+0
	258			挨拶する AD 未麻、心の 陰がINして ます BG←ヒキ スタッフ未麻←ヒキ AD 出× BOOK←ヒキ	AD「エー！これを 持ちましてダブルバインド クランクアップ致しました 皆様お疲れ様でした！」			7+0
	259			一斉に沸き起 る拍手 夢見心地の 未麻 視線が定まら ない BG←ヒキ スタッフ→ 未麻 止メ 回り込み風の引き？？ カットラストにかけて 引くスピード上げる	＊スタッフの拍手と 歓声 ラストにかけて エコーがかり うなりになる			

No. 282

16+12

マッド・ハウス
memo.

S.	C.	PICTURE	CAM	NOTE	DIALOGE	M.	E.	SEC.
								S. M.
	059							5+0
				☆途中でポケットから携帯 IN・OUT				
	060			頭が重かボーッとした未麻 BG(ネオンのライトのボケ)→ヒキ カットいっぱい T.U	☆歓声や拍手のウネリ更に高まり耳を圧す様になる			
				気が遠くなりフワッと後ろへ倒れかける				6+0

No. 283

11+0

マッド・ハウス

memo.

S.	C.	PICTURE	CAM	NOTE	DIALOGE	M.	E.	SEC.
	861		T.C	前カットの破片こぼれる(FO) フラッシュ引き ルミに抱き止められる未麻				S. M.
			T.B	ハッとする 目パチ2〜3回	(OFF)手嶋「いやぁ、未麻ちゃん素晴らしかったよ!ねェ監督」 (OFF)監「本当によくやってくれましたよ」			(2+12)
	862			撮影所内 ロビー 立ち話している ルミ・未麻・田所・手嶋・監督 ←カットいいのPAN そのう次を切る	⑭「ありがとうございます」 ＊ロビー内、少しエコーでひく感じで。(861台)			8+0
				手嶋と監督 連れ立って歩き出す 田所 頭下げ?	⑭「それじゃ打ち上げで」 ⑭「またよろしくお願いします」 (ハイ)			
				田所、ルミと未麻の方向い?	⑭「じゃ我々も行くか」 ⑭「未麻 着替えて来しゃい」			11+0

No. 284

19+0

マッド・ハウス
memo.

S.C.	PICTURE	CAM	NOTE	DIALOGE	M.	E.	SEC.
283			撮影所 廊下 眩い蛍光灯　足音だけが響く ↓PAN.DOWN (カットいっぱい)				S. M.
			未麻 INして 男へ (3歩程) 頭がボーッとしてフラフラ歩いてるカンジです				6+0
284							
			床に映る未麻 (あまりキレイに映らすぎないように処理考) →Follow ↑PAN.UP (S+0)　も少し色のある 床てもよい				
			歩いていくと人とぶつかる				
				AC	⑨ト「キャッ」 (ポケットへコネ入る)		7+0

No. 285

13+0

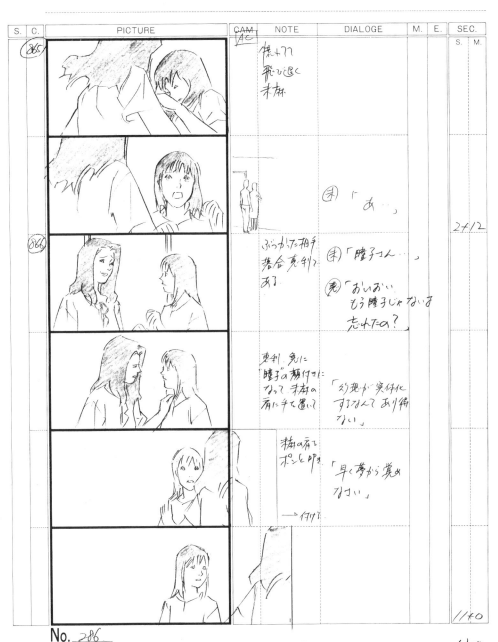

マッド・ハウス

memo.

S.C.	PICTURE	CAM	NOTE	DIALOGE	M.	E.	SEC.
286			去る恵利 見送る未麻				
			別の足音に 振り向く 未麻	カツン…カツン… カツン…			4+12
288			廊下奥利 近付いて来る 警備員・内田 である。	カツン… カツン… カツン…			4+0
289			不審に思う 未麻（例の 目で疑うかんじ） 恵利の去った方を見やりながら （→付け？）	「恵利さん！」(エコー)			
			しかし恵利の姿は 無い。				
			振り返る未麻 (SE)	カツン… カツン… カツン…			4+0

No. 287

[A・C]

12+12

マッド・ハウス

memo.

S.	C.	PICTURE	CAM	NOTE	DIALOGE	M.	E.	SEC.
	870		A-C	振り返った未麻の目前に内田（歩きよけるかんじ）				
				（未）「あ！」すかさず内田の右手IN				3+0
(R)	871			未麻の口を押さえそのまま―				
				思い切り壁に叩きつける	ドン！！			1+12
(R)	872		PAN UP	恐怖に見開らかれた未麻の両目	（未）「ン！ンーーッ」			
								1+0

No. 288

3+0

C Part

マッド・ハウス

memo.

S.	C.	PICTURE	CAM	NOTE	DIALOGE	M.	E.	SEC.
								S. M.
②	83			内田 鋭く光る ナイフを振り上げ (IN気味) (ﾉ何げ) ☆内田 左利き ちょっとためて です 突き出す (αP気味)				1+12
	84			前カットのナイフの (SE) 動きで継いだ カンジで 車(夏未)の トランクを閉め? ルミの左手	//" %∞			2+0
®	85			撮影所.駐車場 ルミの車に 寄りかかる田所と⑭ ルミ (上体足河) 石井 田所の車.	遅いわね 未麻.			

No. 289

2+0

マッド・ハウス

memo.

S.	C.	PICTURE	CAM	NOTE	DIALOGE	M.	E.	SEC.
	㉖			田所 時計見て	㉖「遅いわね 未麻」 ㊀「オレ 事務所戻るから、ルミちゃん送ってやって」			S. M.
				言いつつOUT 構図 少しかわって				
				ルミ 田所の去った方見て	㉖「あ 田所さん 未麻の次の仕事が どうとかって…？」			11+0
	㉗			自分の車の脇で振り返る田所 ドア開ける	㊀「ん？ ああ すごいぞ Vシネマの主役だ。 ま、多少のお色気シーンはあるが」			4+12
	㉘			田所のセリフに肩をすくめ返事するルミ	(OFF)㊀「それは仕方ないだろ？」 (SE) バタン(ドア閉まり) エンジン音			
				田所の車のライトに照らされるルミ				6+0

No. 290

21+12

マッド・ハウス

memo.

S.	C.	PICTURE	CAM	NOTE	DIALOGE	M.	E.	SEC.
	㊶			スタジオ内 ストリップ劇場 セットの舞台の 上に 叩きつけ られる未麻				S. M.
					㊆「ギャアッ!!」			
				必死に逃げ ようとする (4-付ける)	だ… 誰か助け… (迷うな)			
				その未麻の すぐ横に 突き立てられる (内田の)ナイフ	(SE)ドン… ㊆「ヒッ!!」			4+0
	㊷			照明は消え 真暗。 セット俯瞰 b.PAN DOWN 照明等 BOOK スライド有 C.930 兼用有り! 内田 未麻を 仰向けにさせ ついていたナイフを 抜く。(次のカットナイフ 持ってることにします)	㊅「オマエの声なんか 誰にも届く もんか」			5+0 9+0

No. 291

マッド・ハウス

memo.

S.	C.	PICTURE	CAM	NOTE	DIALOGE	M.	E.	SEC.
								S. M.
	801			未麻に 何か掛かる 内田	(内)「ハアッ、ハアッ… あなた誰!? どう…どうしてんの…!」 ※内田、体型に 不似合いの高い 声が良いのだが			2+0
					(内)「ボクの大事な未麻りんを 守るんだ!!」			
	802			伝え更に 混乱する 未麻	(未)「私… 私が未麻よ」			3+0
	803			本物の未麻の セリフに一瞬 ボーッとする 内田 ナイフを持った左手 少し下がる				
					(H-2)			
				突然激しく 首を振る	「違う違う 違う違う違う!!」			
				目を見開き 突き出して 喚く (ワイド気味)	「ボクがミーマーアて だって知らなかった じゃないか!? 未麻りんのフリ しやがって!!」			
				バッと身を 起こし、未麻の 胸元(画面外)を 掴み、引きつけて 服を引きちぎろうと して次カットへ				8+12
				[A・C]				

No. 292

18+1(

C Part 305

マッド・ハウス

memo.

S.	C.	PICTURE	CAM	NOTE	DIALOGE	M.	E.	SEC.
	884			未麻の服（下着ごと）を引きちぎる 内田。 こっちに近い絵からスタート	バリリィッ ドキュア			S. M.
				豊かの胸がポロンと出る（と良いのですが）				
				未麻、右手で隠そうとするが	やめてェッ!!			
				押し戻さナ				2+18
	885		A・C	押さえ付けられる	（内田）「ほーら やっぱり二セ者じゃ ないか」			
				内田、未麻の股間に手を伸ばす。				4+0

No. 293

2+18

マッド・ハウス

memo.

S.	C.	PICTURE	CAM	NOTE	DIALOGE	M.	E.	SEC.
	886			未麻のスカートに乱暴に手を突っ込む内田				S. M.
				未麻の左手が押さえる	㊙「イヤァ！」			2+0
	887			必死に懇願する未麻	やめてッ			
				ナイフを突きつけられ見を呑み固まる	ヒッ！			2+12
	888			抵抗する術も無く、内田に股間を弄られる未麻	㊄「この口であのライターやらカメラマンと突っ込んだのか!?未麻りんを汚しやがって！」			7+0
	889			ハッとする未麻	㊙「ま、まさか…あなたが…」			3+12

No. 294

15+0

マッド・ハウス

memo.

S.	C.	PICTURE	CAM	NOTE	DIALOGE	M.	E.	SEC.
	88			気色の悪い 内田のアップ	(内)「ホント 本当の未麻リメは 毎日ボクにメイルを くれるんだ。オマエが 邪魔ばかりするっ」			6+0 S. M.
	89			叫ぶ未麻	(未)「あんたが 殺したの!?」 (内)「もうすぐ オマエも」			
				身を起こす 内田				4+12
	92			ベルトを外そ うとする内田	(内)「ククククク…」			
				手を取る	(SE)カチャカチャ			3+12
	93			内田の.ナイフを 持った手を 両手で掴む 未麻.				0+12

No. 295

14+12

マッド・ハウス

memo.

S.	C.	PICTURE	CAM	NOTE	DIALOGE	M.	E.	SEC. S. M.
	894			C.893 同ポ 未麻、左足で 思い切り 1内田を突き 飛ばす。 (←ちょっと付ける)				
			A・C	左手を掴まれ 転がる内田	(内) ﾄｩ ｱｱ…ｯ			1+0
	895				(SE) ﾄﾞﾝ″ すかさず立ち上がり 逃げようとする未麻 (ﾒ付ける。)			
								2+12
			A・C					3+12

No. 296.

C Part 309

マッド・ハウス

memo.

S.	C.	PICTURE	CAM	NOTE	DIALOGE	M.	E.	SEC.
296	12			セットの奥へ 立ち上がりつつ 走ろうとする未麻.				S. M.
				が右足で 取られ バランス崩して 倒れる				1+0
297	12		AC	ステージに 叩きつけられる 未麻	未「キャアッ!!」			
				1円田 未麻の 右足で掴んだ まま迫る	未「イヤアッ イヤアッ イヤッ、!!」			
				2〜3回 左足で応戦 する未麻				3+0

No. 297

4+0

マッド・ハウス

memo.

S.	C.	PICTURE	CAM	NOTE	DIALOGE	M.	E.	SEC.
	298 ⑦			末麻のキックが 内田の股間を 直撃!!	ドシッ!!			
				末麻の足を 放し、股間を 押さえ、へたり 込む内田。	(内)「ウウッ!!」			
				末麻 起き上がり 手前へ一歩出る				2+12
	299			セットの奥へ 逃げ込む 末麻 (OUT)	※スイマセン 内田のポーズ C.295から つないで下さい。			1+18
	300			セット奥 行き止まりに 両手を付く (思い切り 勢いよく)	バンッ!! ※スミマセン お手すう デス			1+12

No. 298

3+6

C Part | 311

マッド・ハウス

memo.

S.	C.	PICTURE	CAM	NOTE	DIALOGE	M.	E.	SEC.
								S. M.
	901			セット裏側 行きゲリの 壁を叩く未麻	(SE) バンバン バンッ			
				手前から 内田IN.				
				未麻振り 返り	内「だめじゃないか 台本通りにやら なきゃ」			
				手近な物 (角材)を 掴んで				
				投げようと する.				8+0
	902			未麻の投げた 角材が内田の 近くに飛んで 来る.(IN) (当たらない)	(SE) ガラン			

No. 299

8+0

マッド・ハウス

memo.

S.	C.	PICTURE	CAM	NOTE	DIALOGE	M.	E.	SEC.
								S. M.
	902			見た物が飛んで来る	ガランッ			
				内田、言いつつナイフを構え手前へ来る	(内)「さぁテイク2だ!!」			
								5+0
	903			迫る内田に気付く未麻 QTB (カット頭から) (もう少し寄りから)				
				ナイフを突き出す内田(IN)かわす未麻	ドシッ (未)「キャアッ!!」			
				ベニヤに刺さったナイフを抜き構える内田				2+12

No. 300

7+12

C Part | 313

S.	C.	PICTURE	CAM	NOTE	DIALOGE	M.	E.	SEC.
								S. M.
	904			未麻を襲う (SE) ナイフ	ドン (未)「アアッ!!」			0+18
	905			同2.	(SE)ドスッ (未)「キャア!!」			0+18
	906			ナイフが未麻の 服に刺さる	ドン!!!			
				未麻 逃げる (SE) 服が裂ける	シャアァ..			1+12
	907			勢い余って 奥の扉に ぶつかる未麻	ドォン (未)「アッ!!」			

No. 301

3+0

マッド・ハウス

memo.

S.	C.	PICTURE	CAM	NOTE	DIALOGE	M.	E.	SEC.
	907			内田、ナイフを抜こうとするが深く刺さっていて抜けない				S. M.
				逃げる未麻 (OUT気味)				
	908			走って来る未麻に付けPAN UP 1、2歩走ったところで後から髪の毛を引っぱられて見た振り戻される 痛みのあまり絶叫	アアアアアッ!!			3+12
				髪の毛をふん掴まれ、内田に振り回される				

No. 302

3+12

S.	C.	PICTURE	CAM	NOTE	DIALOGE	M.	E.	SEC.
								S. M.
	908			→更にちろんで付ける	アアアア!!			
								4+0
	909		Ac	セットの裏に思い切り叩きつけられる未麻.	ドン!!! 「アグ"」			
				反動で立て掛けてあった板が倒れる				
				内田 勢いてつけて—				
				板こっちで止まる				
				未麻の腹に続けて3発 まだがえる人形のような未麻	ド"!!! ド"!!! ド"!!!			

No. 303.   4+0

マッド・ハウス
memo.

S.	C.	PICTURE	CAM	NOTE	DIALOGE	M.	E.	SEC.
	909			東下スカートに手をかけて 引きちぎりかけようにで	バリリリ			6+0
	910			乱暴にスカートを剥ぎ取られる				
					(末) イヤアアアア!! し"			
				思わずしゃがみ込む末麻				2+0
	911			その末麻の顔を—				
				巨大な手で鷲掴みにして—				

No. 304

8+0

マッド・ハウス

memo.

S.	C.	PICTURE	CAM	NOTE	DIALOGE	M.	E.	SEC.
								S. M.
	911			壁に叩き付ける1カ田	ドカ!!			1+12
	912			その勢いでセットごと倒れる未麻	(SE)!!ガシャ!!			2+0
	913			倒れてするセット(バウンド)				
				一度弾み未麻の体も跳ねる	バン!!			
				手前へ来て止まるグッタリする未麻(気絶しかける)				5+0

No. 305

8+18

S.	C.	PICTURE	CAM	NOTE	DIALOGUE	M.	E.	SEC.
								S. M.
	914			ベルト（腰に していたやつ）を ビシッと張り 半歩出す 内田 息遣い	(SE) ビシッ 「フー フー」			3+0
	915			ゆっくり近づい てくる内田	(SE) ギシッ ギシッ			
				気がついて うっすらと目を 開けて来麻	ギシッ ギシッ			4+0
	916			床に落ちている 大道具が志村 いった大工道具 （ベルトに収わ っています） （止メ）				3+0
	917			内田 来麻の 足を束ねて、 ベルトで縛る ※来麻 靴は脱いだことに します。	(内)「フーッ フーッ」			
				両足の間に 割って入る。	「フーッ」			3+0

No. 306

16+0

マッド・ハウス

memo.

S.	C.	PICTURE	CAM	NOTE	DIALOGE	M.	E.	SEC.
	918			手がつりそうに なる程、必死 に伸ばし 金槌を取ろう とする未麻.				1+18
	919			未麻の足を 開き、しゃがむ 内田	(内)「フーッ フーッ フーッ …」			3+0
	920			必死の未麻 のアップ				1+12
	921			汗と涎が 入り混じり 一層のこと 気色の悪い 内田.	「フーッ フーッ フーッ」			2+0
			↑PAN・UP					
	922			[C.918同ポ] 薬指と小指で 何とか金槌を 掴む.	(SE) カラン…			0+18

No. 307

9+0

マッド・ハウス

memo.

S.	C.	PICTURE	CAM	NOTE	DIALOGE	M.	E.	SEC.
								S. M.
923				一段と見も荒々しく未麻のパンティを剥ぎ取る内田	(内)「フーッ フーッ フーッ」			
				更にのしかかろうとする	(SE) ビィィ°°			
				と、その瞬間 未麻ガバッと起き上がり 金槌を振り上げ				2+12
924				AC 内田のこめかみにヒット！ 急な静かになる	(SE) ゴッ°° (デッド音)			1+18
925				固まった未麻の2人	(上X)			4+0
926				固まった未麻の精	(上X)			2+0

No. 308

10+6

マッド・ハウス

memo.

S.	C.	PICTURE	CAM	NOTE	DIALOGE	M.	E.	SEC.
								S. M.
	㉗			微笑にも近い表情で固まった内田.				(2+(2))
				「あれ?」ってカンジで立ち上がる	out^!			4+0
	㉘			1~2歩下がる内田.				
				凍りついた様の表情で金槌を構え、見ている未麻.				3+0
	㉙			フラフラと足取りも危うく 2~3歩 歩き (←付け?) 突然 電源が切れたように動きを止めバッタリと倒れる内田.	"ター・タタ・バタン" みたいなー			4+12

No. 309

11+12

マッド・ハウス

memo.

S.	C.	PICTURE	CAM	NOTE	DIALOG	M.	E.	SEC.
								S. M.
	930			C.880.兼用 メサッと倒れる 才麻 しばらく間があって カメラスミ 才麻 立ち上がる				8+0
	931			倒れた才麻 ピクリとも動か ない才麻 ▶PAN・UP 末麻の手 クシンして止まる (もう少し奥に)	(PAN・UP 4+0 FIX 1+12)			5+12
	932			倒れた才麻を 見ている才麻 (止メ)				4+0
	933		T.U	緊張した才麻の 表情で見る 若い末麻	(末)「ハッ ハッハッ ハッ…」 (5+0)			
				と、照明が 才麻を包む。 (OL 2+0) 気付く末麻	(OFF) (監督)「はい OKでーす」 TU ニ北 (7+0)			10+0

No. 310

27+12

マッド・ハウス

memo.

S.	C.	PICTURE	CAM	NOTE	DIALOGE	M.	E.	SEC.
	㉞			BG→ヒキ 手前のスタッフ密着3/2				S. M.
	934				ドラマのスタッフたちが皆、 未麻を見つめ、拍手をして いる。(未麻の服、元通りの ドラマ内での服に戻っている) スタッフロに「おめでとう」 「よかったよ」お疲れ様。			6+0
㉔	935				拍手が鳴りやまない 茫然とする未麻 BG→ヒキ			
					で、手にしている 物に気づく。			4+0
㉕	936				いつの間にか! 右手にアイスピック を持っている マル4 上ピン ※C834参照	(2+0)		
					マル4 下段 倒れていた人が 起き上がる。			3+0
㉖	937				血まみれの 支配人役の男が 笑顔で未麻を 見ている。	(支)「おめでとう」		3+12
No. 311				フレーム (TBじゃあないよ)				6+0

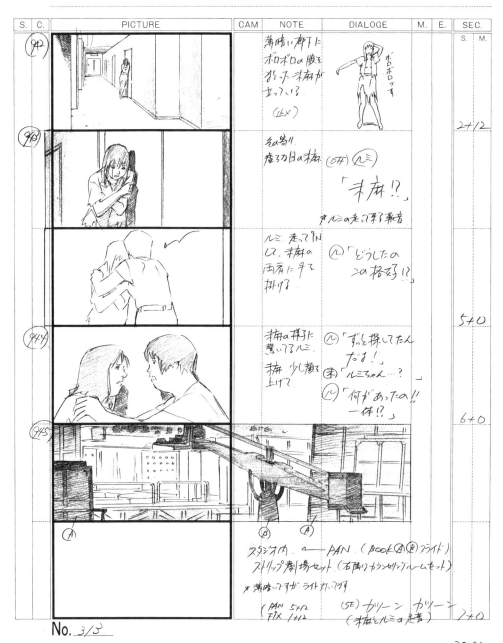

マッド・ハウス

memo.

S.	C.	PICTURE	CAM	NOTE	DIALOGE	M.	E.	SEC.
	946			ストリップ劇場 セットの・ステージ				S. M.
	947			未麻 小走りに 9ﾍして ステージに 手を付く				4+12
	947			茫然とする 未麻 ルミ 2～3歩 近付く 待 4+0 未麻に →向	(未)「…そんな…」 (ﾙ)「夢でも見たんじゃ ないの？」			7+0
	948			トンネル内走行 する車の列 月様々な表情の テールライトがあると 良いのですが [背動]	(※ナトリウム灯の オレンジ色) ※テールライトに 滲みが少し なんか欠理欲い			5+0
	949			ルミの車 助手席でぐったり して、窓にもたれて いる未麻 →PAN	送る…か？ ※コントラスト トンネル 出す			4+0
	950			流れて行く街の灯を ぼんやり見ている 未麻 ウインドウに映る ルミ 未麻の方を 見て優しく	※街の灯に処理 (ﾙ)「大丈夫？」 (未)「…うん」 (ﾙ)「戻るよ 未麻の部屋に」			

No. 314

ウインドウの映像
少し斜めです
あまりリアルに考えないで下さい

20+0

C Part | 327

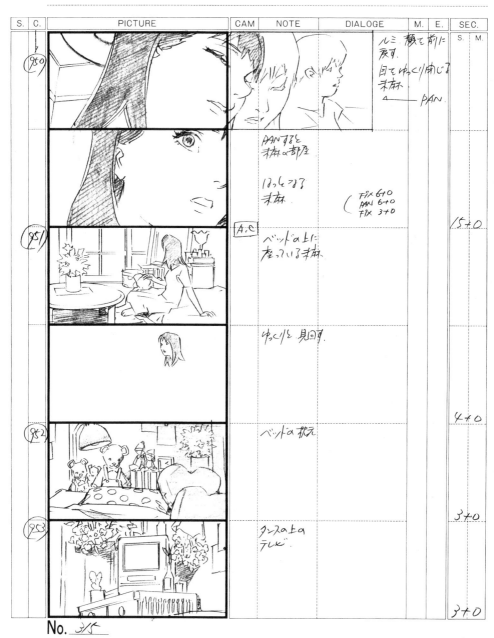

マッド・ハウス

memo.

S.	C.	PICTURE	CAM	NOTE	DIALOGE	M.	E.	SEC. S. M.
	954			飴の部屋に安心する未麻。 フッと台所の方見て(兼用カット)	(未)「ルミちゃん…いるよね?」			
				磨硝子越しにルミのシルエット動く。	(ル)「何?」 (未)「あ…ううん…」			
				ハッと何事か思い出し。				
				立ち上がる	(未)「そうだ. 田所さんに…」			10+0
	955			電話(子機)				
		OUT IN		一を取る未麻の手.	(SE)プー…			2+12

No. 316.

12+12.

C Part | 329

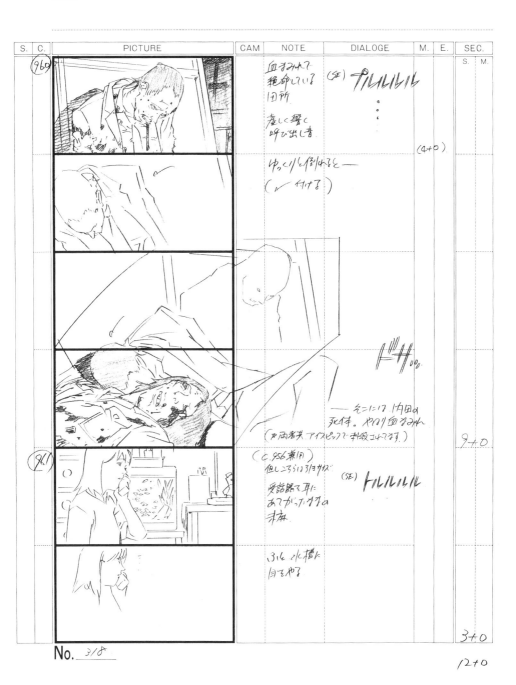

マッド・ハウス

memo.

S.C.	PICTURE	CAM	NOTE	DIALOGE	M.	E.	SEC.
962			死んだ筈のテトラたちが泳いでいることにギョッとする未麻				7+0
			電話を切り（左4 OUT）(SE)ピロッ 奥を見て 立ち上がる未麻（受話器は床上かと置いたことにします）				
963		A.C.	剥がした筈のチャムのポスター				4+0
964			ハッとなり部屋を見回す未麻 異和感を覚える				
			1～2歩 窓の方へ				5+0
965			窓のカーテン 未麻の手 IN				

No. 319

16+0

マッド・ハウス

memo.

S. C.	PICTURE	CAM	NOTE	DIALOGE	M.	E.	SEC.
							S. M.
965			カーテンをサッと 開ける 窓外は見慣れぬ 景色。すぐ近くの 鉄道の 高架を、回送車輌(或いは 補線車輌) が走って行く (SE)ゴトントン…ゴトントン （OUT）				
			窓ガラスに映った 室内、未麻の背後で、 アが開く 未麻は気付かない				
966			後退する未麻 (半歩程)	㊈「違う…」			10+0
		AC	巨カ不在に 襲われた凍り 付いた表情で 後退する未麻 に付けて	㊈「ココ…」			
		PAN・UP		私の部屋じゃ ない…」			
			ゾッチル 未麻「そうよ、 だってココは 未麻の部屋 だもの、」 未麻 ギョッとして 止まり——				

No. 320

10+0

C Part 333

マッド・ハウス

memo.

S.	C.	PICTURE	CAM	NOTE	DIALOGE	M.	E.	SEC.
								S. M.
	866			振り返ると、そこに、ヴァーチャルな未麻。	(未)「あなた……!」			
				未麻 ふと鏡に映ったV・未麻に目をやる	(V未とルミの声で)「ほら見て、新しい衣装なんだ」			15+0
	867			鏡の中に映るその姿は未麻の扮装をしたルミである	(ルミ)「明日のイベントで着るの、いいでしょう!私にぴったり」			
				(ニセ物見たくない!という気持ちで描いて下さい)				
				PAN・UP	(PAN・UP 5+0 FIX 2+0)			7+0

No. 32/

22+0

マッド・ハウス

memo.

S.	C.	PICTURE	CAM	NOTE	DIALOGE	M.	E.	SEC.
								S. M.
	968			未麻の目が信じられない未麻	(未)「ルミちゃん…？ …どうして…!?」			4+0
	969			鏡の中気色悪いルミ ちょっと困ったような顔にナル	(ル)「ルミちゃん…？」			
				自分の姿を見るかんじ	ルミちゃん…」			
				ハッとする				5+0
	970			V.未麻と鏡の中のルミ同時ににこやかな顔を上げ八モる	V.未麻とルミの声(S.S)「ルミちゃんはもう帰ったよ仕事が忙しくて？寝不足だって？」			5+0
	971			[C968同ポ] 混乱する未麻 V.未麻に向かって	(未)「ヘンなこと言わないで！」			

No. 322

14+0

C Part | 335

マッド・ハウス

memo.

S.	C.	PICTURE	CAM	NOTE	DIALOGE	M.	E.	SEC.
								S. M.
	971			鏡の中のルミに向かう。	(未)「冗談なんでしょ!?ルミちゃん」 (OFF)(ルミ)♪光は			4+12
	972		C.969.同ポ	左手にマイク持った素振りで満面の微笑を浮かべて歌うルミ	ドキドキするけど愛がLOVELOVEするから…			
					どう?バッチリでしょ?やっぱりアイドルは歌わなきゃね!			
				一歩出て、ルミはOUT手前(マルチ上段)V.未麻IN(同時にピン手前へ)	ルミ+V未麻「なのに…」			
				止まってセリフ	(V.未)「あなたが邪魔ばっかりしてルミちゃんもすごい怒ってた」			()±0
	973			二人の未麻	(未)「お願いやめて…」 (V未)「でもアイドルはねファンの人達が守ってくれるの」			7±0

No. 323

28+12

336　今 敏　絵コンテ集『PERFECT BLUE』

マッド・ハウス

memo.

S.	C.	PICTURE	CAM	NOTE	DIALOGE	M.	E.	SEC.
								S. M.
	974			楽気に喋る 未麻	(V末)「未麻のお願いなんか何でも聞いてくれるんだよ」			
					"ミーマニアさんはちょっと失敗だったけど"			6+0
	975			V・未麻のみ? 未麻 密着 回し込み風 BG → ヒキ 未麻 → ヒキ V・未麻 → ヒキ	(未)「ミーマニアって…どうしてあの人を!?」			5+0
	976			未麻のみ V・未麻 的 → ヒキ V・未 → ヒキ 未麻 → ヒキ	(V末)「でも仕方無いよね、あなたのことは自分で撒いた種だから…」			5+0
	977			背中に隠していたアイスピックを構えつつ				
				手前へグッと出る				1+0

No. 324

17+0

C Part

マッド・ハウス
memo.

S.	C.	PICTURE	CAM	NOTE	DIALOGE	M.	E.	SEC.
	⑨⑧		#C	裏から出る V.未麻				S. M.
				(一 付ける)				
				振りかぶる 未麻	(未)「キャア!!」 ダンスにぶつかる			
				V.未麻 手前で返し 更に 未麻を作る				
				※V.未麻の動き 振りかぶみたいに あふれるようなアクション だと良いのですが... (あまりかぶったカンジが ない方がいいんです)				
	⑨⑨			その一振りが				240
				水槽に直撃 (SF) (4-付178) 未麻 左へ OUT				

No. 325

240

S.	C.	PICTURE	CAM	NOTE	DIALOG	M.	E.	SEC.
								S. M.
	979			ガラスが割れ水が溢れる				1+0
	980			バランスを崩し倒れる末麻				1+0
	981			ベッドの上に倒れ込む末麻				
				白髪メがすっV.末麻のアイスピックが襲い､クッションを貫く､更に振り上げられるアイスピック(OUT)				
				ハッとする末麻同所にQ.T.B(2〜3K?)				2+12

No. 326

4+12

マッド・ハウス

memo.

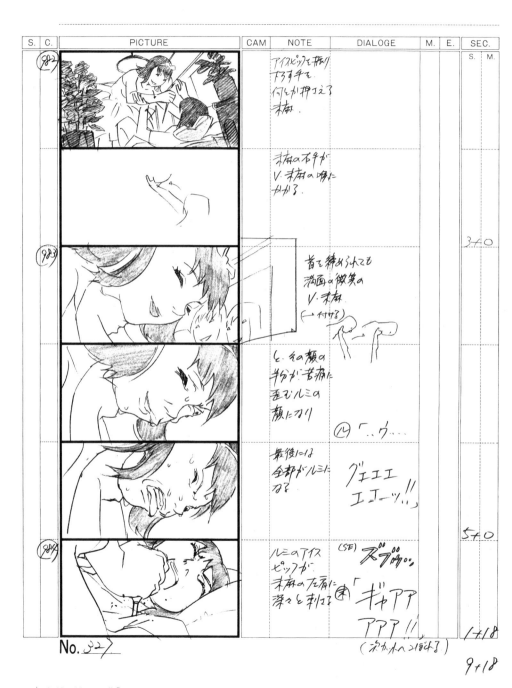

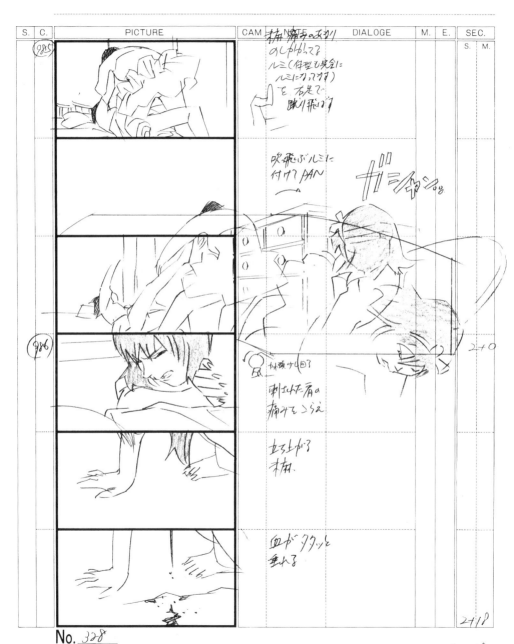

S.	C.	PICTURE	CAM	NOTE	DIALOGE	M.	E.	SEC.
								S. M.
	990			ベランダ伝いに隣へ逃げようとする未麻				
				未麻の後ろにV.未麻入ってアイスピックを一刺.				
				思わず手を放し落ちる未麻	「キャッ!!」			
	991		[AC]	何とか、ベランダに掴まる未麻				2+18
								1+12
	992			ぶら下がってる未麻に追い討ちをかけるV.未麻				
				手をもがなす (SE)未麻コンクリートに当たり火花で飛ばすアイスピック	「ガキン..」「ガキン..」			

No. 330   (2回)

4 + 6

マッド・ハウス

memo.

S.	C.	PICTURE	CAM	NOTE	DIALOGE	M.	E.	SEC.
								S. M.
	992							
	993			洗濯機に手をかけヒョイとその上に乗るV.未麻				4+0
				絶対絶命の未麻。眼下を見やる				
	994			カメラ手前に向きかける 未麻の眼前に迫る笑顔のV.未麻 左手に握ったアイスピックで振り下ろす刹那 身をかわして飛ぶ未麻				2+0
								1+12

No. 331

7+12

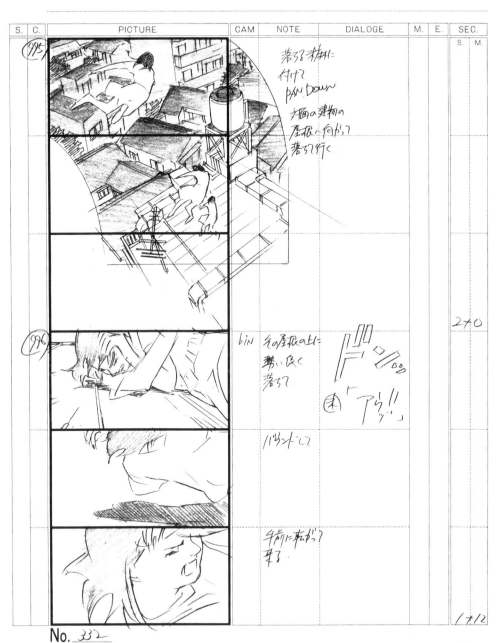

マッド・ハウス

memo.

S.	C.	PICTURE	CAM	NOTE	DIALOGE	M.	E.	SEC. S. M.
	997			車から落ちて来る未麻に付けて↓PAN DOWN アンテナの支柱にぶつかり、体の向きが変わって下のフェンスに激突				
				反対側へ倒れる 木偶人形のような未麻				2+12
	998			その様を見下ろすV・未麻 (ちょっと身を乗して)				
				東々とジャンプ (フワァッという カンジ)				3+0
	999			ハッと気付く未麻				

No. 333

5+12

S.	C.	PICTURE	CAM	NOTE	DIALOGE	M.	E.	SEC.
								S. M.
	999			立ち上がりつつ 前へ				
								1+12
	1000		Ac	未麻 走り出す その奥 V.未麻が ヒラリと降りたつ				
				未麻 手前へ OUT				
				V・未麻 フワリと 手前へ飛び 軽やかに跳ぶ？				
				手前へOUT				
								4+0

No. 334

5+12

マッド・ハウス

memo.

マッド・ハウス

memo.

S.	C.	PICTURE	CAM	NOTE	DIALOGE	M.	E.	SEC.
								S. M.
	1004			麻 in って 屋根の上を伝い (→付ける) 商店街のアーケードの 上にたどり着く				
				追って V 麻 in				4+12
	1005			アーケードの キャット・ウォークに 上がろうとしてる 麻を				
				背後から襲う V 麻.				
				アイスピックを 振るおうと するところへ				
				麻の反撃 アイスピック放して しがみつくV 麻	(手)ガキ (V麻)「キャッ」			3+0

No. 336

7+12

C Part | 349

S.	C.	PICTURE	CAM	NOTE	DIALOGE	M.	E.	SEC.
								S. M.
	1006			屋根の上を 転げて行く アイスピック (IN・OUT)	(SE) カラン…			
								1+0
	1007	バランスを崩したv.未麻 (IN/翻) 体勢を立て直し、物干しに置いてある 傘を取って 屋根 登りつつ OUT.						
								3+0
	1008			アーケードの上 キャットウォークに 上がる未麻				
								1+18

No.)))

5+18

マッド・ハウス

memo.

S.	C.	PICTURE	CAM	NOTE	DIALOGE	M.	E.	SEC.
	1009			キャットウォーフの上より上がり、末麻 走って手前へ OUT.	※ 足音有りですが 末麻 裸足です			S. M.
	1010			追ってV 末麻 ヒラリと降りる 軽く蹴って OUT.				5+0
	1010			走る末麻 (手摺り背動 BOOK ←→ヒキ) ※カメラづし				3+0
	1011			にこやかに 走って来るV 末麻 (手摺り背動 BOOK ←→ヒキ) ※カメラ・ローリング?	(SE) カン … カン			4+0
	1012			走る末麻 ← Follow 近くなくなって 照り込み。 ※カメラづし				
				近くなくなんが OUT. 眼下に明るい 通りが見え 止まりかける末麻				4+0

No. 338

16+0

C Part | 351

マッド・ハウス

memo.

S.	C.	PICTURE	CAM	NOTE	DIALOGE	M.	E.	SEC.
	1013		Ac	未麻の眼下に煌々と明るく賑わっているファミリーレストラン　虚しく響く未麻の叫び	未「助けて!!誰か助けてェッ!!」			S. M.
				走って来てV.未麻に気付き 再び走り出す未麻（out気味）				4+0
	1014			アーケード仰り 未麻 建物の陰へOUT.				
				V. 未麻 IN. OUT				3+0
	1015			アーケード交叉点. 未麻 走って行き（IN気味）行き止まりに 手を付き 振り返る				
				と、傘を振り上げ眼前に迫るV.未麻				2+18

No. 339

9+18

S.	C.	PICTURE	CAM	NOTE	DIALOGE	M.	E.	SEC.
								S. M.
	10/6		AC	V.末麻(一気け)(SE) 傘で叩きつける かわす末麻 傘が壁に当たり 火花が飛ぶ 一発傘で 叩き 引いて、突き刺す 構え。 末麻ハッとして 体当たり。	ガキッ バシッ			3+6
12	10/			倒れ込む2人 Aつける アーケードの開いた 天蓋から下の 通りが見える 気味悪くたたづむ 若者が3人見える	ドッ (V.末)「ア！」			1+1/2
	10/8		AC	昏夜のアーケード内 若者もう3人？ 若者 アーケード上の末麻 V.末 にらみ合ってる ※アーケード内 セアのまろやかな テープが流れてる	「？」 若者無し			3+0

No. 340

6+6

マッド・ハウス

memo.

S.	C.	PICTURE	CAM	NOTE	DIALOGE	M.	E.	SEC.
	109			V.未麻に 懇願する未麻	(未)「お願い ルミちゃんなん でしょ!? 目を 覚まして!!」			S. M. 4+0
	020			微笑を浮か べるV.未麻 アケートの 下の通り セリフ後、ニコッと 笑い	(V未)「それは あんたの方よ」			
				自分の体で 未麻を引き 落とそうとする	(未)「あ!!」			3+12
	021			アーケードの上から 落下する2人 Bつける	(未)「キ ャ ア ア ア ア」			
				この仕方で (もうちょっと未麻 すすむか) その飾り物に ひっかかった方が 良いかな？				1+12

No. 341

8+0

マッド・ハウス

memo.

S.	C.	PICTURE	CAM	NOTE	DIALOGE	M.	E.	SEC.
	1022			山のゴミ袋の上に落下する 2人 (IN含め) (因みにファーストカット左の前に?)				
				弾け飛ぶ ゴミ袋 (★エフェクトなるべく無しで)	(±)ドサッ!!			1+18
?	1023			たむろってる 若者3人 (左から1.2.3) 殺気にとられる?	③「ああっ?」			3+0
	1024			ゴミ袋の中から必死に這い出す末村. ←勢い付いて転がる				
					「クッ…」			
				OUT				3+12

No. 342

5+6

マッド・ハウス

memo.

S.	C.	PICTURE	CAM	NOTE	DIALOGE	M.	E.	SEC.
								S. M.
R	1025			若者たちのところへ ヨロヨロと駆け寄る未麻 (ひっしに寄って)				2+18
R	1026			若者たちに助けを求める未麻 3の服を掴んで 日本若者に引き寄せられの様	㊤「助けて お願い」 ③「何だよ」 ㊤「助けてェッ!! 助けてヨォッ..!!」			
				若者1.気付く	「あぁっ!?」			4+0
R	1027			ゴミ袋を蹴散らし 傘で構え 猛然と走って来るルミ				
								1+12

No. 383

0+0

マッド・ハウス

memo.

S.	C.	PICTURE	CAM	NOTE	DIALOGE	M.	E.	SEC.
17	(1028)			C.1026.1同ポ 唖然としてる若者たち。未来 喧嘩にみける				S. M.
				ルミ PN 傘が若者3の喉を捕えー	(SE) ドッ			
				若者の背後のシャッターにぶち当たる (△付け) (3秒の間)	(SE) ドンシャッ!!!			2+12
18	(1029)			若者3の喉元からマンガの様に血がピューピュー出ている。				
			A	目の前の事態で飲み込めず呆然としてる若者1.2.ルミの上体 ←OUT				
				続いて傘が引き抜かれ一気に血が吹き出る				3+12

No. 344

OFO

C Part 357

マッド・ハウス

memo.

S.	C.	PICTURE	CAM	NOTE	DIALOGE	M.	E.	SEC. S. M.
	1030			しゃがみ込んでいる未麻に向き直る。V.未麻になっている(→付ける)				
				駆け出す未麻 OUT				
				追ってV.未麻 OUT				
								4+12
	1031			ライトに浮かび上がるアーケードの四ツ辻 突り抜け(In.OUT)未麻 追ってV.未麻 夜やかにIN.OUT	未「助けて!」 誰か 助けて!」 (エコー有)			3+18

No. 345

3+18

マッド・ハウス

memo.

S.	C.	PICTURE	CAM	NOTE	DIALOGE	M.	E.	SEC.
								S. M.
	1032			目薬芝葉に走る未麻 —Follow ☆カメラブレ	囲「助けてェ 誰か 助けてヨオッ!!」			2+12
	1033			追う▽未麻 —Follow ☆カメラゆったりローリング 鉄 微 鏡 ＆ウィンドウの鏡面に映った その姿は鬼のような顔で走るルミである				
	1034			走って行く未麻(in) 遠くでシルエットに(作画?)	囲「誰かあッ 誰か助け てェーッ」			3+12
				追って∨未麻 軽やかにスキップ				
				アーケードの奥 トラック2～3台(ライト) IN OUT				4+0

No. 348

10+0

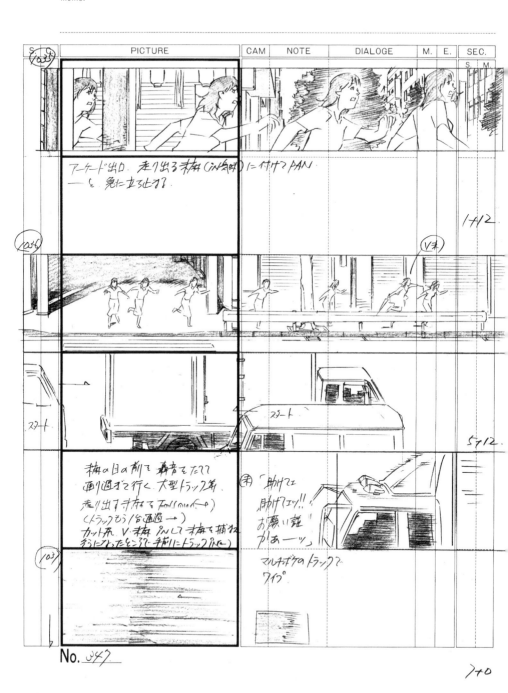

マッド・ハウス

memo.

S.	C.	PICTURE	CAM	NOTE	DIALOGE	M.	E.	SEC.
	(1037)			V.未麻に掴まれている未麻. (→ちょっと付ける)				S. M.
				V.未麻.グッと引き戻すと同時に傘で突き出す. (刺さる寸前まで?)				2+12
	(1038)			脇腹を刺され絶叫する未麻 ノイズ? PAN.UP (BG→セセ)	(生)ドス00 (鈍い音) (未)アアアアッ			
								1+18
	(1039)			未麻 右腕でカ一杯の反撃				
				(→ちょっと付ける)	(SE)バシ00			

No. 348.

4+6

マッド・ハウス

memo.

S.	C.	PICTURE	CAM	NOTE	DIALOGE	M.	E.	SEC.
	1039							S M
	1040		(AC)	V.未麻、左へ弾き飛ばされる。未麻も反動で右へ。 そのままの勢いでシャッターにぶつかる (SE)ガシャン!!				2+0
	1041			V.未麻もヨロヨロッと2歩位後退するが				0+18
	1042			パッとにやけた顔で 立ち直り血刃ルカの傘を構える				2+0

No. 349

4+18

マッド・ハウス

memo.

S.	C.	PICTURE	CAM	NOTE	DIALOGE	M.	E.	SEC.
								S. M.
	104②			必死に痛みに堪える未麻	㊙「アアア……」(+0)			
				力を振り絞り逃げる				
				建物の陰へ入る気味				3+0
	104③			廊下にヨロヨロと歩く未麻に付けてPAN(→)と突き当りが鏡になっていて己+の姿に驚く未麻				3+0
	104④			自分の姿を見つめ我に返る未麻 回り込み風の芝居引き { BG ←セ千 BOOK ←セ千 鏡の未麻 出× 未麻 →セ千				

No. 350.

6+0

S.C.	PICTURE	CAM	NOTE	DIALOGE	M.	E.	SEC.
1044			ちょっと落ち着く				S. M.
			と、鏡の中 ルミ in			(5+12)	
			タッと傘を構えて来る。振り返る未麻				7+12
1045		(AC)	未麻、傘でかばす V.未麻(へこしゃありません)、鏡を突き破る。	(SE) ガシャアン			
			身を返し未麻へ迫る				2+0
1046							

No. 35

9+12

マッド・ハウス

memo.

S.	C.	PICTURE	CAM	NOTE	DIALOGE	M.	E.	SEC.
								S. M.
	1046			激しくシャッターを(SE)押し当てられて未麻 更にそれを今で首をしめ付ける	ガシッ!! (未)「ウグッ!!」(2+0)			
	1047				(未)「さあ 終わりにしよう! 未麻は2人もいらないんだもん」(未)「私が未麻よ!」			8+12
	1047			アイドルの微笑を浮かべるV.未麻	(V.未)「アハハ! 冗談!! 未麻はアイドルなんだよ あんたはつまらない二次者よ」			6+0
	1048			苦しみの中 叫ぶ未麻	(未)「そんなの知らない! 私は私よォ!!」			4+0
	1049			C.1046同ポ C.1048からQTBのカメラでカット置き換え。 V.未麻の頭を押さえ 押え戻す (→付1&)	(コダマ)			
								2+0

No. 352

20+12

C Part 365

S.C.	PICTURE	CAM	NOTE	DIALOGE	M.	E.	SEC.
							S. M.

(1050)

NOTE:
押し返される
V.未麻に付けて
PAN・UP
と、その拍子に
カツラを取られる

その下に現れる
ルミの顔
（ちょっと間）

半狂乱に
なるルミ　ルミ「ヒーッ」

(1051)
画面手前に
落ちて来るカツラ
（オスロー気味）

⚫︎傘はすぐ下へ
OUTしたことに！？

カツラを追う
ルミ
悪夢のような形相

40

No. 283

40

memo.

マッド・ハウス

S.	C.	PICTURE	CAM	NOTE	DIALOGE	M.	E.	SEC.
	(105)			↓付けて PAN DOWN そこに待ち受ける 鏡の鋭い破片				S. M.
								3+0
	(105)		↑C	破片に突き 刺さるルミ (スローから ノーマルへ)	(SE)ブス″ (ル)「ハグッ…」			4+0
	(105)			カツラを掴んで いるルミの右手 破片に映る ルミの顔	(4+0～)			
				そこへ 血がバシャッ と落ちる	@「ウ…」			5+0

No. 354

12+0

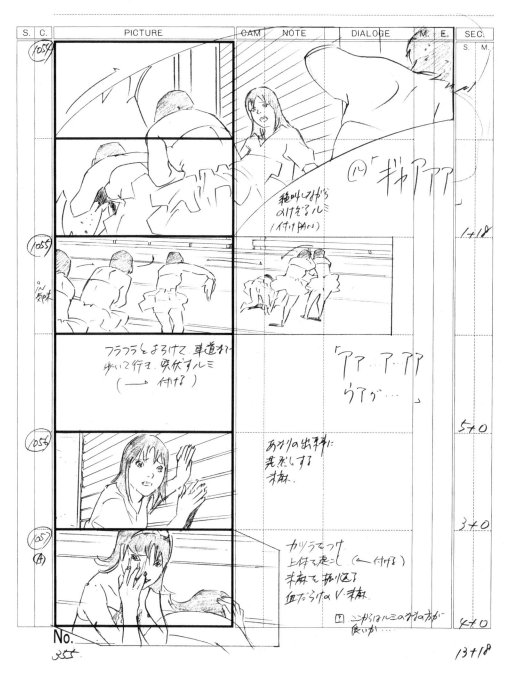

マッド・ハウス

S.	C.	PICTURE	CAM	NOTE	DIALOGE	M.	E.	SEC.
1057	B	memo. C.1056同じ ちょっと長引に未来 (1+12)						
1057	C			C.1057(A)同じだが V・未来を 照らすライト (F.9) そのライトの方へ 顔を上げる V・未来 (ﾊﾞｲｸﾄ)…	(SE)ゴォォォ			3+0
1058				大型トレーラー トラックが 近付く ライト国晩光 強く	(SE)ゴォォォ			
				眩しいヘッドライト				1+0
1059				トラックに気付く 未来				
				ハッとして V・未来を 見やる	「あ…!!」			2+0

No. 356

6+0

マッド・ハウス

memo.

S.	C.	PICTURE	CAM	NOTE	DIALOGE	M.	E.	SEC.
	1060			ダラダラと血を流しながら満足気ににっこりと微笑む 未麻	(SE) ゴオオオ			S. M. 4+0 (2+0~)
				コラッと立ち上がる	*トラックの轟音、高るのと共に拍手と歓声 F.I.			
	1061			眩いライトに向かって立ち上がり	(SE) 拍手と歓声が高まる ワアアア			
				両手をいっぱいに広げポーズをとる 未麻 *スローです	トラックのライトの部分だけがゆっくりと近くでカシャ (レンズゴースト等有)			5+0
	1064			走って来る 未麻 *スロー				
					(SE) ギギギギ (ブレーキ音)			1+12

No. 357

10+12

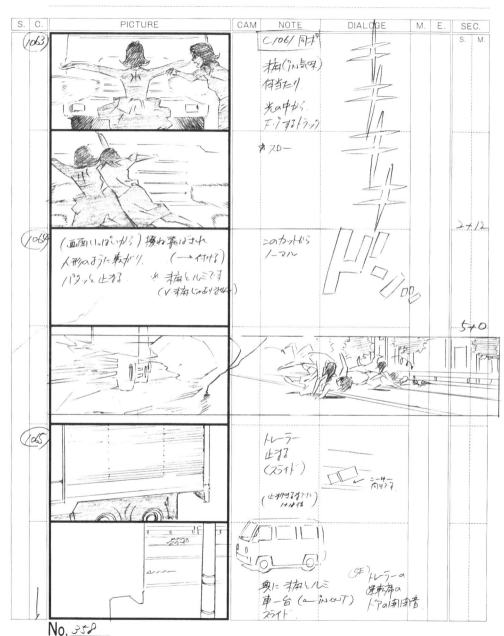

マッド・ハウス

memo.

S.	C.	PICTURE	CAM	NOTE	DIALOGE	M.	E.	SEC.
								S. M.
	1065			トレラーの ドライバー2人 (A.B)が 未麻たちに 駈け寄る				7+0
	1066			未麻たちの傍で（ウラテ:ススてるカンジ）立ち止まる2人 B)不気味 A) in.	B「あ…た… 大変だ…」			4+0
	1067	倒れている未麻 ルミの方を見る のをきっかけに PAN(←)	(OFF)B)「ケ 警察 キュー救急 車だ… A)の走り去る 足音					

		生きているか 死んでいるか！ 血まみれのルミ. 微笑を 浮かべている.			(FIX 5+0
					  PAN 4+0
					  FIX 5+0
								14+0

No. 359

25+0

マッド・ハウス

memo.

S. C.	PICTURE	CAM	NOTE	DIALOGE	M.	E.	SEC.
							S. M.
068			放心したような 表情の森				
				(3+0)			
			ふと空を 見上げる (↑付ける)				
							7+0
069			ビルの上の方に 朝陽が当たる (BOOK, OL) (↑朝陽 PANUP)	*パトカー、救急車の サイレンが遠くに聞こえる			5+0
070		OL	朝陽に照ら される街並 (弱TB+PANUP)	近付いて来るサイレン			7+0
071		OL (↑+0)	朝陽を浴びる 街 俯瞰 電車スライド (弱PAN・UP)				12+0
		F.O1 (3+0)					

No. 360

31+0
(-4+0)

C Part

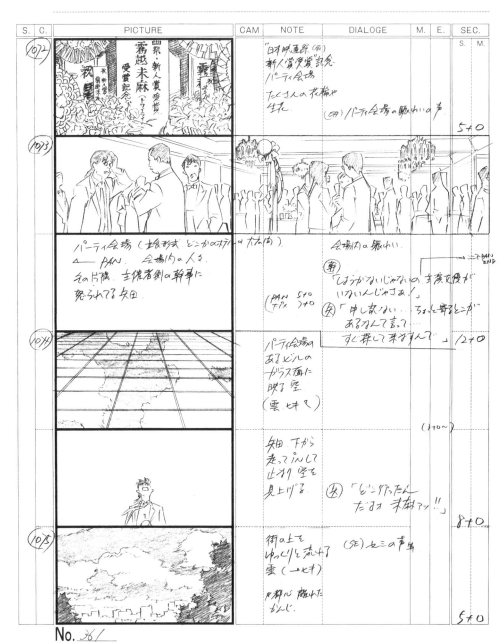

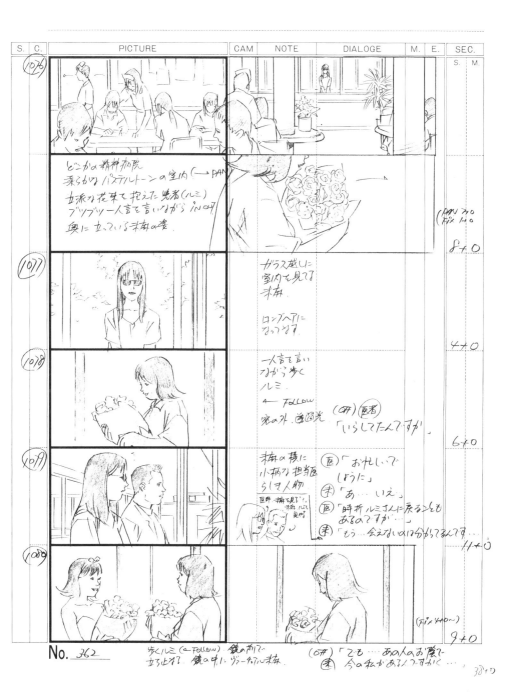

マッド・ハウス

memo.

S.	C.	PICTURE	CAM	NOTE	DIALOGE	M.	E.	SEC.
	087			病院を出る前 立ち話してる 看護婦たち ①②				S. M. (2+0)
				未麻 IN 看護婦の一人が 未麻を見る。 ②に何か耳打ちする	①「あ」			
				未麻 OUT ①②,未麻の 去った方見る	②「ウソォ? 未麻なわけ ないでしょ 霧越未麻が」 ①「似てるだけかぁ…」			10+0
	088			運転キに 左りドアを 閉める未麻 エンジンかける	(SE) バム゛ カーステレオから エンドテーマ(?)			
				ルームミラーに 目をやり。				
				サングラスに 手をかける				7+0

No. 363

17+0

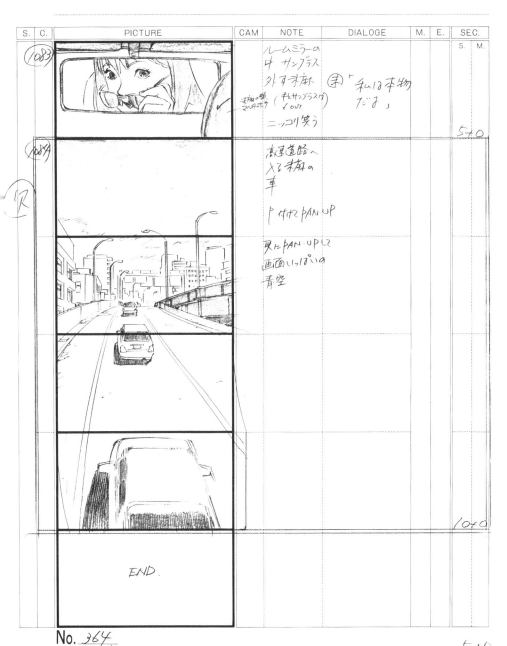

ART WORKS III
● ――― レイアウト ラフ他

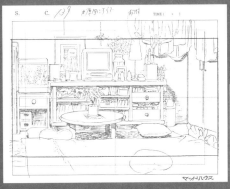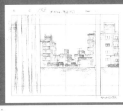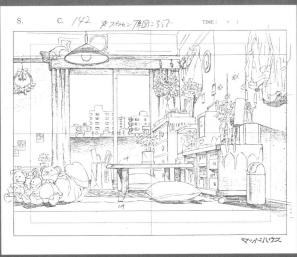

ART WORKS III — レイアウト ラフ他

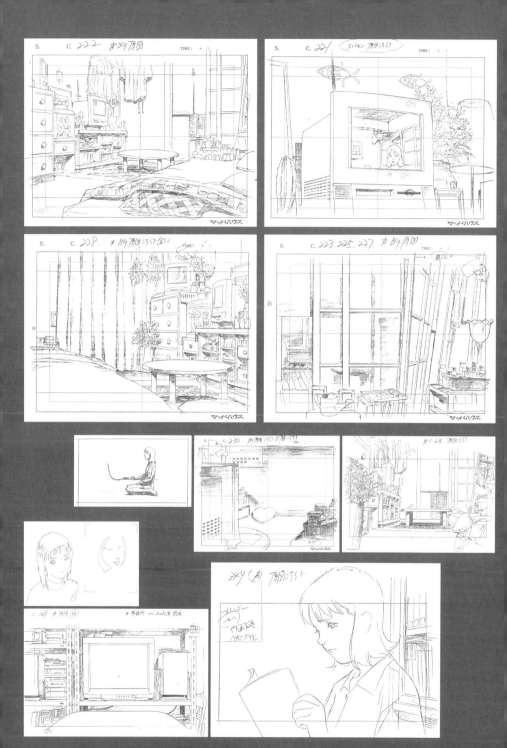

ART WORKS III — レイアウト ラフ他

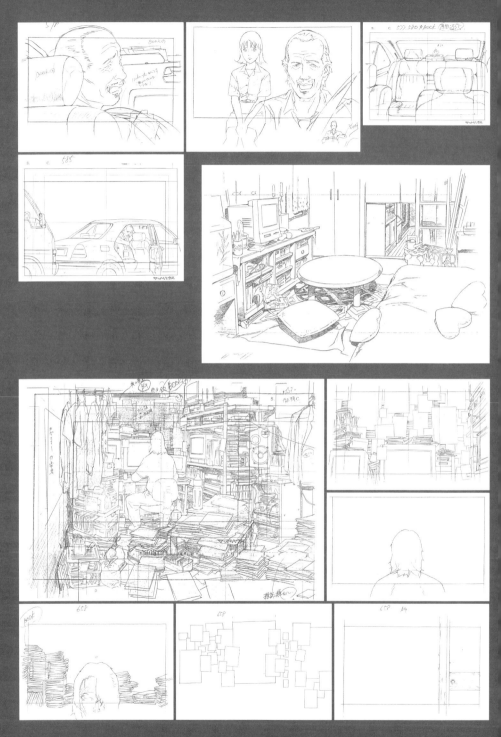

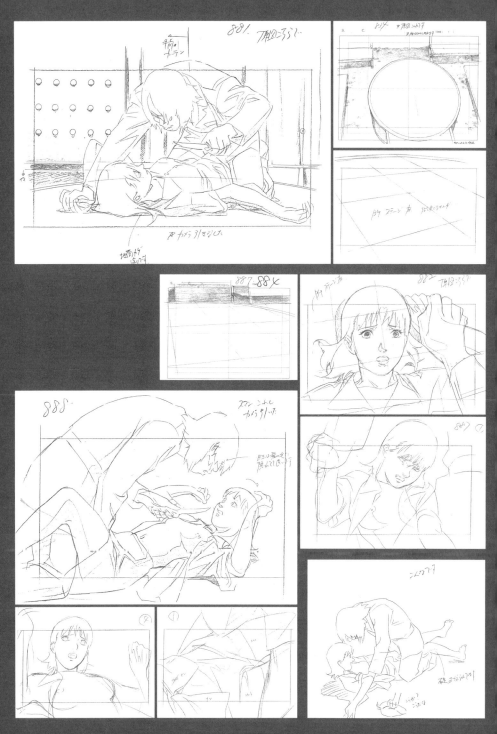

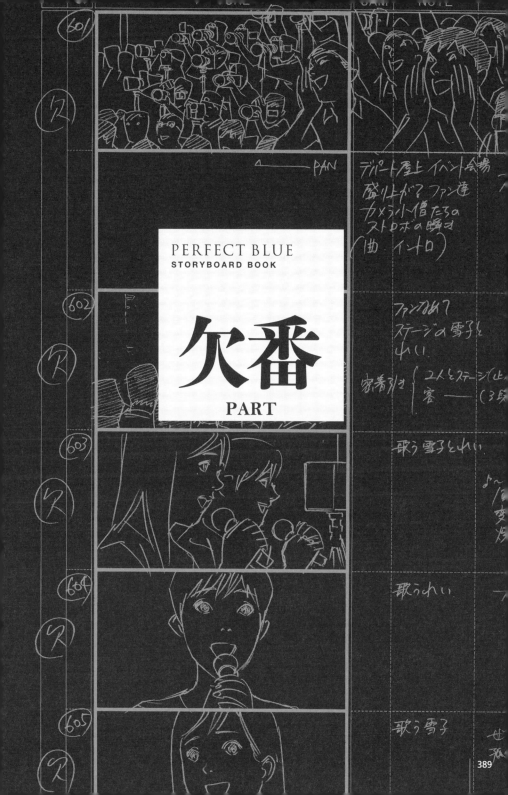

マッド・ハウス

memo.

S.	C.	PICTURE	CAM	NOTE	DIALOGE	M.	E.	SEC.
	①			BL画面から F.I (2+0)				S. M.
				F.Iしてすぐ ステージ上の 穴から爆発 ——に付けて PAN UP+TB	(SE) ポン…			
				画面いっぱいになった その白煙の中から 飛び出して 来るレッドトロン	(レッドトロンINオフ F.I合わせて3+0くらい)			
				白煙左へ 流れつつFO				

No. 1

マッド・ハウス

memo.

S.	C.	PICTURE	CAM	NOTE	DIALOGE	M.	E.	SEC.
				すかさずINして 切りかかるザコⓐ カン！カン！ と2度程 刀を交じす				S. M.
				更に切りかかる ザコ				
				左手でいなす レッドトロン				7+12
ⓇⓇ	②		(AC2)	投げ飛ばされる ザコⓐ すぐさま左手から 襲いかかるザコⒷ				
				Ⓑの刀をかわし 後頭部にチョップ くらわしやっつけるが 今度は背後から ザコⒸ がそでかり かかる				

No. 2

7+12

欠番Part

マッド・ハウス

memo.

S.	C.	PICTURE	CAM	NOTE	DIALOGE	M.	E.	SEC.
②				ⓒのアでさっと かわし				S. M.
				バック転で蹴り 上げるレッドトロン				3+12
	③			ザコをブン乗り回す ブルートロン (パンチが当たる 瞬間くらいから) Q.T.β				
				後ろから切りがかり ザコに				
				回転してキック				

No. 3

0+0

マッド・ハウス

memo.

S.	C.	PICTURE	CAM	NOTE	DIALOGE	M.	E.	SEC.
				ブルートロンの動きが収まりきらないうちにグリーントロン手前から大きくIN				S. M.
				ポーズをきめて	⑤「モォ!キリがないじゃないのこいつら!!」			
				⑤のセリフ途中に大きくよる?ザコ				
				知声にハッと振り向く⑥⑧	OFF「ハッハッハッハッ!どうしたどうした!?」			9+0
④			(A.C)	⑥⑧の動き収まって現れるキングバーグ (パパ不要)	キングバーグ「それがオキサマの底力か!?パクトロン!」レドトロン「オマエは キングバーグ!!」			7+0
⑤				キングバーグ寄りその背後にビルの屋根見えたりするバサッとマントをはねあげて ※キングバーグの顔はカブリモノでロパクはありません	⑦「フン!口程にも無い奴らよ!」			4+0

No. 4

20+0

マッド・ハウス
memo.

S.	C.	PICTURE	CAM	NOTE	DIALOGE	M.	E.	SEC.
	⑥			観客達 休日の家族連 真剣に見入る 子供たち (パワトロンのお面を かぶった子がど)	OFF ㊤「オレ様の 攻撃を受けーって みろォ!」			5+0
	⑦			㊧の足元で 爆発 ドドドド と4連発くらい 危うく逃げる ㊧	㊧「ウッ!!」			1+0
	⑧		(A・C)	階段下へ落ちて 来る㊧ (カメラつける)				
				㊨㊤に受け 止められる㊧	㊤「大丈夫か!?」 ㊨「レッドトロン!」 OFF ㊤「ガーハッハッ ハッハッ!」			
				㊧立ち上がり(カメラやける) ポーズを取る ㊨㊤もポーズ 決める	㊧「3人の力で奴を やっつけるんだ」 ㊨「エェ!!」 ㊤「オォ!!」			9+0

No. 5

15+0

394 | 今 敏 絵コンテ集『PERFECT BLUE』

マッド・ハウス

memo.

S.	C.	PICTURE	CAM	NOTE	DIALOGE	M.	E.	SEC.
								S. M.
	⑨			㊀一歩右へ出て㊁ セリフ途中から グリーンのスポットが ㊁で包む。 ㊂同様に一歩 右へ出てセリフ ブルーのスポット 当たる	㊁「グリーン フォトン!!」 ㊂「ブルー フォトン!!」			5+0
	⑩		OFF PAN→	群 PANもう少し長く	㊃「レーッド フォトン!!」 (SE) ウィンウィンウィン ウィン (止え)			5+0
	⑪			ホームビデオの 液晶ファインダー 光の3原色が 交錯するステージ 上のRGB このポーズの状態は(最高潮に達して) 3+0くらい	(SE)ウィンウィンウィン ウィンウィン ウゥン・・ RGB「パワートロン スペシャル アターック!!」 (SE) スビュゥ ウゥンウゥン ドカン			
				クルッと振り向き 上にいるキング バーグに向け 銃で撃つ! (光の交錯が 一瞬、白く強烈に ライトがストロボ状に 瞬く)				
				ファインダー内 Q PAN UP. ㊟ホームビデオ本体に 動かしてていいで す。				
			QPANUP 一行程 打越え PAN UP	キングバーグの 足元で爆発 終わった所で 白煙が上がる すでに白煙からつっかえに 白煙の中から現われるキング バーグ	(SE) ドカンon ㊆「グアーッ!!」 「おれ、パワー トロンぁ!」			12+0

No. 6

22+0

欠番Part　395

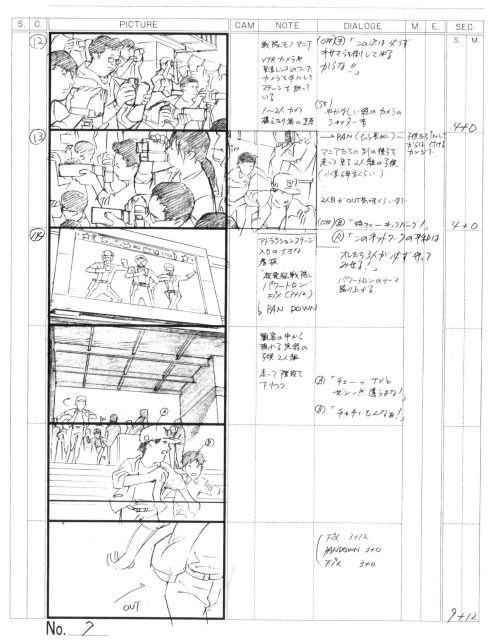

マッド・ハウス

memo.

S.	C.	PICTURE	CAM	NOTE	DIALOGE	M.	E.	SEC.
⑰	29			パワートロンの楽屋 うちわで あおぐレッド 本をめくうグリーン 缶ジュース 飲むブルー				S. M. (3+0)
				開いてるドアから顔を出すルミ OUTするルミ	ル「よろしくお願いします」 3人「気付け？」「お早ォッス」			
				続いて顔を出す れい・末麻・雪子 OUTする3人	3人「お早ようございます」 ⑧「がんばってね!」			(3+0)
				レッド、ブルーの方を振り返る？	⑱「あれ？何てったっけ？あの子たち」 ⑱「あ...エート...」 ⑨「あれ、何だっけ？」			(8+0) 1.9+0
⑰	21		T.B	ポスターの片隅の3人	(あ) ⑱「チャムだって?....知ってて？」 ⑥「聞いたことない」			
				黒太 少し客書引リ ※ スタートフレームでは2人共 画面に入らないようにする	⑱「行こーか」 (SE) ピーン 国内アナウンスのチャイムスタート		Fix 4+0 T.B 3+0	7+0 0+0

No. 10

マッド・ハウス
memo.

S.	C.	PICTURE	CAM	NOTE	DIALOGE	M.	E.	SEC. S. M.
12	22			ポスターを見ていた カップル OUT それを眺めている かのような 矢部の 連中	(SE) ポオーン (OFF)アナウンスの声 「3時より プラネットゾーン ハッピーステージにおき まして、人気アイドル "チャム"のミニコンサートを 開催致します。 皆様お誘い合せの 上 是非、御観賞下さい ませ。」			
		OUT　　　IN		小太りの男が 時計を気にしつつ 駆けて行く				
				空き缶を放り 投げて動き出す 4人組	(SE)カンカラン!!			15+0
	23			会場内 ざわついて ステージ上に司会者 客席後方 開款も している	司会者「エー 開演中に トラブルが発生した 場合は、イベントは 中止に致します。」			6+0
	24			先程の4人組 FOLLOW だらだらした 歩き	(OFF)(司)「呉々もステージに 物を投げたりしないで 下さい。」			4+0
	25			いい年した ファンたち 苦笑い	(OFF)(司)「皆 いい年した 大人なんですからね」			4+0

No. 11 — 10は無し

14+0

S.	C.	PICTURE	CAM	NOTE	DIALOG	M.	E.	SEC.
	㉖			カメラ小僧たち 三脚や一脚に 望遠レンズのスチル 一眼レフからホム ビデオをつけ 脚立等も持ち込ん でいる。	(OFF司) 「消毒など もう 少し 待ってて下さ いネェ」			S. M. 4+0
㉗				最前列の3人組 Ⓐ Ⓑ Ⓒ Ⓑ バッグより カセットを取り出し	Ⓑ「はい、これ 頼まれてたテープ」			
				Ⓐ 受け取る Ⓐのセリフに 4m の 警備員(内田) 振り返るが Ⓑのセリフで ゆっくりと視線戻す	Ⓐ「ああ、未麻りん 出てたヤツだっけ？」 Ⓑ「タオ・エース先週の 和ドラ」			
				最近バカ売り多い ひとり Ⓑ 未麻りんだけど 女優って感じ？ Ⓐ やっぱあの噂通り だよな 3人のやり取りの 最中にOUTする (内田)	Ⓒ「最近バカ売り多い ひとり」 Ⓑ「未麻りんだけど 女優って感じ？」 Ⓐ「やっぱあの噂通り だよな」			18+0

No. 12.

4+0

マッド・ハウス
memo.

S.	C.	PICTURE	CAM	NOTE	DIALOGE	M.	E.	SEC.
	㊳			切り抜きを見て、手を伸ばす				5+0 S. M.
	㉚④			5F.エレベーター "ノワイトライト・プロモーション"入口 (+0)				
				ドア開き切り抜きを手にした未麻 出て来て				
				事務所のドアの前に立ち、住事用の肩のバッグに切り抜きを仕舞う。	→ゴミ箱に捨てた方がいいか?			
				フーッと一息ついて	灰皿 一寸考えて、灰皿にポイと捨てて歩き出して、下かな			
				ノブに手をかけて				9+0

No. 101

14+6

マッド・ハウス

memo.

S.	C.	PICTURE	CAM	NOTE	DIALOGE	M.	E.	SEC.
	㊾ (又)			事務所 外観 お昼頃マデ				S. M.
	㊿		C.339 プロL (170)	ドラマの台本 吸殻で一杯の 灰皿を握り潰さ れた タバコの 空箱等	(OFF)(ル)「断わりましょ!」			5+12
	51			会議室の テーブルで揉めて 田所とルミ	(田)「出来るわけない だろ」 (ル)「だけど これは ひどすぎる!」 (田)「女優するコレくらい 当然だって」			
				ドアの音がして パーテションの 向こうから未麻 顔を出すが ルミのセリフ に 驚いてすぐに 引込む。	(ル)「未麻が可哀想 よ!」			7+12
	52		(AC ス) パーテションに 隠れる未麻	(ル)「だいいち 未麻の 清純なイメージが (壊れる杯に) (田)「イメチェンのチャンス だと思えばいいけど」				5+0
	53			引下がらない ルミ	(ル)「これまでのファンが 離れちゃうじゃ ないですか!?」 (OFF)(田)「だからさぁ」			4+12

No. 110

22+12

欠番Part | 401

S.	C.	PICTURE	CAM	NOTE	DIALOGE	M.	E.	SEC.
								S. M.
	345			鬱陶し気な田所	⑲「いつまでもアイドルのイメージがまとわりついてちゃ女優業の足を引っぱるんだって」			6+0
	346			C.345同ポ 盗み聞きしてる未麻	⑭「ファンを裏切るなんて絶対出来ません」			
				未麻の肩をポンと叩く知 IN	㊄「オォッ未麻」 「レイプシーンやるんだって？」			
				「エッ」となる未麻				5+12
	347			(A.C.) C.342同ポ 未麻の方を向く田所、ルミ 立ち止まる知田 未麻も前カットから半歩出たとこ	⑫「未麻！」			
				気まずい空気が包む				6+0

No. 111

17+12

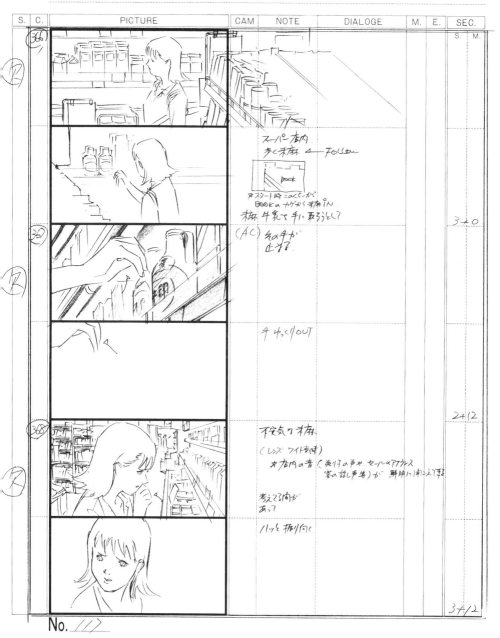

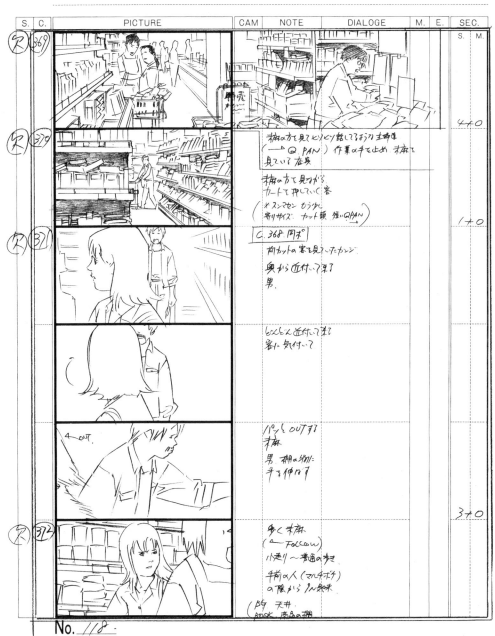

マッド・ハウス

memo.

S.	C.	PICTURE	CAM	NOTE	DIALOGE	M.	E.	SEC.
	372			背後を気にしつつ歩く未麻のFollowが5〜6歩あってから、前方に目をやって気付く	※ BG.BOOK 共にあおりに書くようにする（途中で画面一杯の人（マンイチス）でも入れる			7+0
12	373			未麻の前方にアイスを咥えた子供が立っている 立ち止まる未麻				
				2人の間を店員が商品を乗せた台車を押して通る	(SE)(台車の音) ゴロゴロゴロ			5+0
12	374			店員とフリップ アイス咥えた子供割 未麻でも長時間たまるである	チューチョー吸う音が生々しく聞こえる			4+0
12	375			不安気な未麻 T.U. ※ もう少しアオッてBG もっと				3+0
12	376			C.374 同ポ 寄りサイズ 子供の口の端からアイスが垂れる ソレが合成着色料というカンジの夏赤い色	ニチャニチャする音			5+0

No. 119

0+0

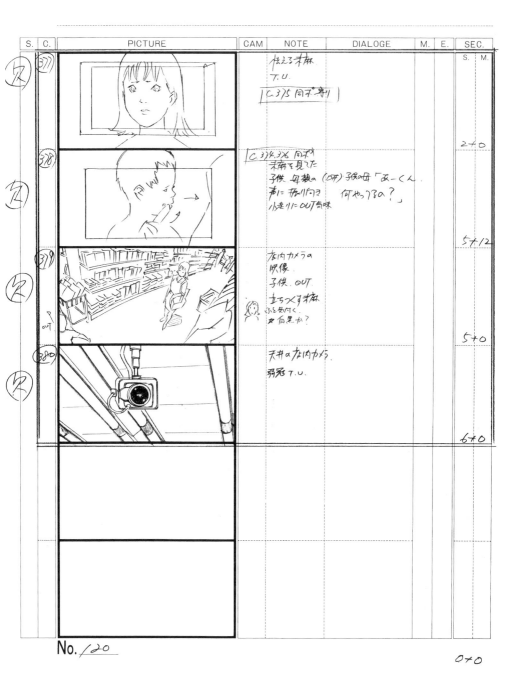

マッド・ハウス

memo.

S.	C.	PICTURE	CAM	NOTE	DIALOGE	M.	E.	SEC.
								S. M.
R	443			陽子(未麻)の 手 IN. 床に落ちていた 警棒に触れる				
					(SE)カラン			1+12
R	444			警棒に気付く 陽子(未麻)				
				画面外で(SE)カラッ				0+18
R	445			C.443 同ポ 警棒握る石タ OUT				
								0+6～12
R	445			警棒振り回す 陽子(未麻)				
					⑨「アアアッ!!」			
				咆哮にまける 客⑧	イヤッイヤッ イヤアーッ!! 1～2Bも 日替苦痛に 振り回され			

No. 140

2+18

マッド・ハウス

memo.

S.	C.	PICTURE	CAM	NOTE	DIALOGE	M.	E.	SEC.
								S. M.
欠	488			泣き疲れた顔で モニターを見ている 未麻 時々、マウス動かしてるカンジ				
欠	489	17日 あ〜ぁ ドラマって待ち時間ばっかしでヤだよォ!! れいと雪子がいてくれたらいいのになぁ!!			モニター内 日記 →PAN			
欠	490			C.488同ウ 日記の文に 哀周に笑う 未麻 電話が鳴り (SE) プルルルルルルッ 顔上げる未麻				
欠	491			散乱した部屋 (SE) プルルルル ルルルルル				
				ベッドカバー 持ち上げ 電話を探す 未麻〜 電話を取り				

No. 155

マッド・ハウス

memo.

No. 157

欠番Part

memo.

S.	C.	PICTURE	CAM	NOTE	DIALOGE	M.	E.	SEC.
欠	499	 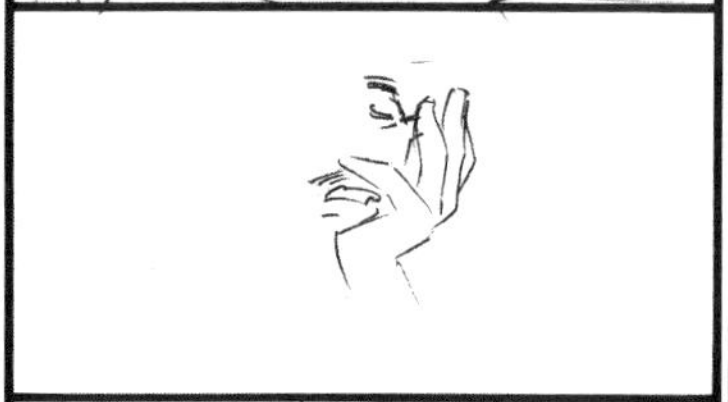		苦々し気な田所 その前に読み終えられた手紙がパサッ…パサッと放られる。	(OFF)(ル)「本当の未麻りんを返せ」 パサ… (ル)「殺すぞ ブラウン 田所 名指しですね」 パサッ (田)「チェックしてから開封してるんだろうな」			10+0
欠	500			皮肉めいたカンジのルミ ＊どこか勝ち誇った風な	(ル)「勿論。剃刀付きが3通……爆弾はまだですけど」			4+12
欠	501		C.499同ポ	更に苦々し気な田所	(田)「あぁ〜〜ったく…予想はしてたが困った連中だ」			4+0
欠	502		C.500同ポ	肩すくめて。	(ル)「そのおかげで今の未麻があるんじゃないですか!?」			4+0
欠	503		C.498同ポ 	田所ルミの方に向き直り。 釣りの真似をして。	(田)「それより未麻にいい話だ。あの放送で撒いたエサにヒットが来たんだよ カカカカカカカ!」(笑いつつ)			8+0

No. 158

0+0

マッド・ハウス

memo.

S.	C.	PICTURE	CAM	NOTE	DIALOGE	M.	E.	SEC.
								S. M.
51	1			未麻の部屋のテレビ。深夜番組(C509と同じ)に出てる未麻	(未)「これからは等身大で仕事にぶつかっていきますので、霧越未麻を応援して下さい」			
				画面 OFF.	(SE) プッ			
				未麻 起き上がって カジって IN	(未)「さてと」			9+0
52				深夜のコンビニ				4+0
	3B			店内 立ち読みしてる赤いカップル (風呂上がりのカジ) 雑誌コーナー				
				未麻 IN して雑誌を取る。				

No. 161

13+0

マッド・ハウス

memo.

S.	C.	PICTURE	CAM	NOTE	DIALOGE	M.	E.	SEC.
								S. M.
	5B			女が未麻に気付く 4コマ 男、未麻を襲う	(小声で) (女)「ゆえねえ…あの子さぁ…」 (男)「…エ？……」			
				未麻、自分の事を言ってるのに気付き、恥ずかしくなって急いでOUT	「ヤだ、レイプされてた子だよ」			9+0
	5/4 R			コンビニ店内ドリンクコーナー 歩いて来る未麻 (一緒にPAN) ドアに手をかけようとして				3+12
	5/5 R			ハッとする未麻 ガラスに映る背後の内田(UP)				1+12
	5/6 R			その寄り 怒りを湛えた表情 ※ペンでこのカット内で振り向かせて下さい	[絵] → [絵] →AC?			2+0
	5/7 R			C.5/5 同ポ パッと振り返る未麻 (なるべく内田を残すカンジで?)				

No. 182

16+0

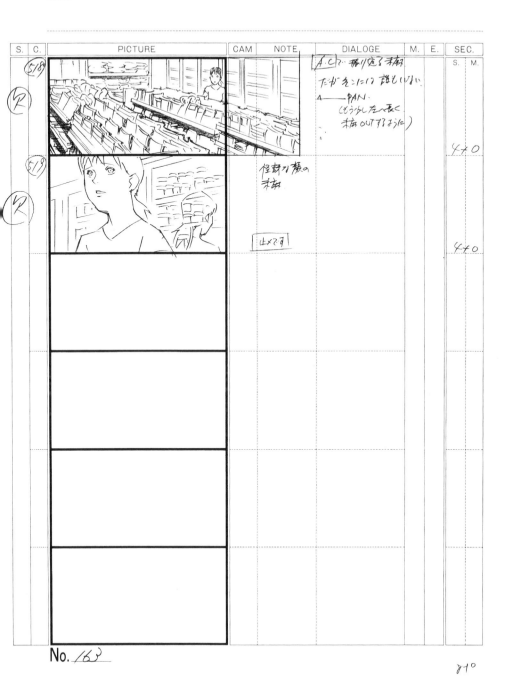

マッド・ハウス

memo.

S.	C.	PICTURE	CAM	NOTE	DIALOGE	M.	E.	SEC.
	589 ⓇⓁ			れい、雪子の方を見て。	(れ)「けど、今日、ルミちゃん抜きで大丈夫かな？未奈ねぇ」 (未)(雪)「何が？」 (れ)「今日のカメラマン、脱がせるオってて詞かれてんだ」			S. M. 9+0
	590 ⓇⓁ			半(以上)面白がってる雪子	(雪)「ウソォーッ、んじゃヤバいじゃん、未奈ねぇ あ、でも あの人なら自分から脱いじゅうかもも う慣れてるだろうし」			8+12
	591 ⓇⓁ			C.589.同ポ 雪子につられて茶化し始めるれい	(未)「あ、ひどい。でもありそ気ッ」 脱炭した私を撮って下さい！みたいなぁッ」			6+0
	592 ⓇⓁ			C.590同ポ 更にノる雪子	(雪)「そォそォ あーー先生 私、アイドルも服も脱ぎ捨てますぅーー ーーッ」			
				おむびらたポーズを取り バランス前に				5+12

No. 182

29+0

S.C.	PICTURE	CAM	NOTE	DIALOGE	M.	E.	SEC.
593 17			笑うれいこ 雪子	(2人)「アハハハハハ ハハハ」			4+0
594 17			ファインダー覗き込んでいるカメラマン村野	(2+0) (村)「ライトもう ちょっと上… …OK」 (SE)「パシャ」			6+12
			村野が右手を離し上体起こしかけると同時にアシスタントが入してポラロイドのフィルムに手をかける				
595 17			村野 A.G.→ 写真スタジオ 真白の調度品 (ベッド、椅子、小物等) が置かれた部屋のセット				
			アシスタント、ポラを抜いてパタパタと振りながら右へ田所 左手より IN して来る (腰の低いカンジ)	(田)「村野先生			5+0
596 17			村野の傍で立ち止まる田所	今日は よろしく お願い致します」 (村)「ああ… はい…」			

No. 183

11+12

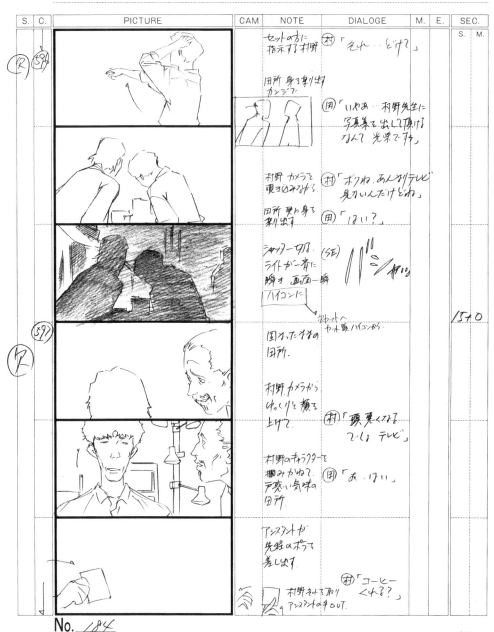

マッド・ハウス

memo.

S.	C.	PICTURE	CAM	NOTE	DIALOGE	M.	E.	SEC.
⑬	597			ポラを見てる村野 つられて覗き込む 田所	㊙「ンーー(→)けど あれはね 見てるの。 ダブルバインド」			S. M.
					㊣「あ ダブル バインド…」			
				コーヒーの入った 紙コップを差し 出すアシスタント 村野取って 一口飲む				
					㊙「特に彼女ね 不思議なオーラ出してます でね 流いちゃったの 興味が」			20+0

No. 185.

20+0

欠番Part 417

マッド・ハウス

memo.

S.	C.	PICTURE	CAM	NOTE	DIALOGE	M.	E.	SEC. S. M.
R	598			村野のリアクションに困惑する旧所	(囲)「ああ……ありがとうございます。」(OFF)メイク「OKで〜〜す」			
				声の方に振り向く。				5+12
R	599			メイクの陰から(入気味)所で加減に出て未麻(照れ臭いカンジ)				
				お辞儀して	(未)「よろしくお願いしま〜す」			3+12
R	600			顔上げる未麻 キレイにメイクアップされている(髪形・服等は キメっス)				
				はにかんだカンジの未麻	(OFF)村野「は〜い。じゃあ始めるか〜!」(音楽スタート)			4+0

No. 186.

1340

マッド・ハウス

memo.

S.	C.	PICTURE	CAM	NOTE	DIALOGE	M.	E.	SEC.
	679			車内 助手席の未麻 ぼんやりとして元気がない。(→FOLLOW)	(2+12)			S. M.
	®			そんな未麻を気にして窺い見る田所.				
				明るい調子で (田)「時間出来たならちょっと寄ってくか」(向 3+0)				
				未麻. 何か言われた気がして	(未)「エ?」			11+0

No. 211

11+0·

420　今 敏　絵コンテ集『PERFECT BLUE』

マッド・ハウス

memo.

S.	C.	PICTURE	CAM	NOTE	DIALOGE	M.	E.	SEC.
								S. M.
	761			水槽の中に ネオンテトラ2匹（マルチ上段） ちょっと暗？ （スライド） ☆ DF				
				サッとOUT				
					(3+0)			
				マルチピン送り パソコンモニターの 光に照らされた 睦月未麻				6+0
	762			部屋の明かりは なく、水槽と モニターの光だけの 室内。[止×1] 時折マウスの クリック音				5+0
	763 (A)	今日は原宿で買物。 ールには目がないの		モニター内 H.P "未麻の 部屋" 日記				
					(2+2)			
	(B)			街角のショーウィンドウで 頭さげで未麻 手に紙袋 盗み撮りの カンジ				
					(2+2)			

No. 245

11+0

マッド・ハウス

memo.

S.	C.	PICTURE	CAM	NOTE	DIALOGE	M.	E.	SEC.
	263 (C)			同じく盗み撮りされた未麻 チに紙袋 (前カットと同じ物)				8+0 S. M.
	264			モニター見つめる 未麻のアップ (マルチ下段) ※BG17 261と同 ※D.F	未「私…原宿 行ったんだ…」 (ﾎｿｸ)			
			in out	麻の前を よぎるネオン テトラ (マルチ上段・ボケ) ※液ガラス F.9?				
				と、水の中に いるカンジで 未麻の口から 泡	(SE) ゴボゴボ…			
				息が切れて				
				未麻、ゆっくりと 浮かんでいく				10+0

No. 246

18+0

422　今 敏　絵コンテ集『PERFECT BLUE』

PERFECT BLUE
COMMENTARY

自作解説:
海外インタビューに見る『パーフェクトブルー』......................今 敏（p.424）

作品解説:
アニメーションだけが可能とする
逆転のトリックの正体......................氷川竜介（p.427）

作品解説:
『パーフェクトブルー』の〈語り口〉......................藤津亮太（p.432）

録り下し:
岩男潤子インタビュー......................吉田豪（p.437）

海外インタビューに見る『パーフェクトブルー』
——監督の自作解説にかえて

『パーフェクトブルー』は、その作品規模や公開規模に比べ、世界的な関心・評価の高い作品となった。海外の映画祭などで積極的に公開したことも影響しているだろうが、やはり作品自体が海外の観客をも魅了する普遍的なテーマと、先進的な表現を持っていたからだろう。その点は『千年女優』以降の作品も同様であり、今監督作の特色とも言える。以下は『パーフェクトブルー』公開時、海外メディアからの取材に今監督自身が筆談形式で答えたインタビュー記事のリミックスであり、形を変えた今監督の自作解説でもある。

——『パーフェクトブルー』は一番最初は実写の企画だったそうですが、アニメにしたことで、どのような差別化（実写に比べて）ができたとお考えですか。

生身の人間を使って撮ったとしたら、この映画は普遍性を持てなくなるような気がします。特殊な人の身の上に起こった、変な出来事、といういたってチープな映画になりかねません。アイドルという浮ついたイメージを、セルを使ったアニメ的表現で描いていることが中和しているのではないかと思います。

ですから本作で幾ばくか勝ち得たリアリティを、実写では手放すことになるかもしれない。もし同じテーマで実写を作るにしても、それはシナリオの段階から意識しないと良い物にはならないでしょうね。

私にとって本作は最初からアニメーションの映画でした。それと単純に私が絵描きであるという理由もあります。私にとっての主な表現手段は「絵」であり、私が日本語を使うのと同じように、意図を伝える上で絵による表現に慣れているのです。絵が私の言葉なのです。

——脚本とストーリーの開発に今監督はどのような役割を果たされましたか。

原作小説と映画とは随分違った内容です。

映像化に当たっては「アイドルが主人公であること」「彼女の熱狂的なファンである"オタク"が登場する」「ホラー映画であること」という大枠をはずさなければ、監督のやりたい方向で構わないということでした。

そこで、まず〈映画パーフェクトブルー〉の中核となるモチーフを見つける必要があったのですが、その部分は脚本家に依頼するわけにはまいりませんし、やはり監督が見つけなければならず、いたく苦労いたしました。

当時私は漫画の連載を抱えており、その合間を縫ってアイディアを捻り出し、更には過去に漫画用に考えていた様々なアイディアを引っぱり出して形作っていきました。そうする内に「周りの人間にとって"私"よりも"私"らしい存在」が、主人公本人も知らないうちにネット上で生み出されている、というアイディアが出てきました。

その存在は主人公にとって「過去の私」である。そしてネット上にしか存在しなかったはずのその「もう一人の私」が、外的な因子（それを望むファンの意識）や、また主人公自身の内的な因子（過去の方が居心地が良かったかもしれないと思う後悔の念）によって実体化する、というアイディアに育っていきました。

そこに、「もう一人の私」と主人公自身が対決するという構図が生まれ、初めてこの企画が「映画」として成立するという確信を得ました。

本作では日本の芸能人やそれを取り巻く業界人、あるいはファンという特殊な人間たち、またストーカーや殺人といった極端な事件なども扱っておりますが、テーマとしていることは、そのレベルの大小はあれ、誰にでもある成長に伴う「心の揺らぎ」であると思っています。

新しい状況に立たされたとき人は少なからぬ不安を抱きますし、更にストレスが加わっていくと仕事や対人関係、日常生活すらも思うに任せなくなることがあると思います。そんな「心の揺らぎ」といったものを描くために物語の前半で「確固とした日常」を描き、そして事件・事態の進行に伴いその確固だった筈の「日常が壊れていく」というプロセスを描くことで彼女を表現したつもりです。

壊れていく彼女の日常の、目眩にも似た「酩酊感」を味わっていただければ、この映画を作った者として大変嬉しく思います。

──『彼女の想いで』も『パーフェクトブルー』も、ヒロインは、歌手であるとともに自分自身の夢の囚人だったと言えると思います。今監督は夢と現実の関わりや、音楽の世界に特に興味がおありですか。

夢と現実の関わりには大きな感心があります。『彼女の想いで』の夢と現実の交錯、というモチーフはシナリオ完成後も私の興味を刺激し続けました。その後漫画で連載していた『OPUS』では、主人公である漫画家が、彼自身の漫画の中に入って行ったり、逆に漫画のキャラクターが現実世界に出てきたりするという、「メタフィクション」の真似事をしておりました。この漫画は連載していた雑誌が廃刊となってしまい、残念ながら完結を見ておりません（現在、弊社よりコミックス発売中）。

そんな漫画を描いている最中に丁度『パーフェクトブルー』の企画を頂いたため、原作には全く見られない「夢と現実の交錯」というモチーフを持ち込んだ訳です。その狙いは脚本の村井さだゆき氏の多大なる才能と努力によって見事なシナリオに昇華されたと思っています。

「夢と現実」「記憶と事実」「自分と他者」といった本来「境界線」があるはずの物同士が溶け合う、というモチーフは今後も私のテーマになっていくと思います。「ボーダレス」という概念がもてはやされていますが、ポジティブな面ばかりではなく、様々な分野や関係においてその「境界線」は揺らいでいるような気がします。

──『パーフェクトブルー』を監督なさって、一番難しかったことは何ですか。

画面の中のモチーフが「普通に見える」というごく基本的なことでしょうか。あくまで目標としていた、ということですが。

キャラクターにしろ背景にしろ、従来のアニメーションやコミックで記号化された芝居や描写の方法をなるべくやめようと思ったわけです。ごくごく基本的なリアリズム、まず自分の周りの風景や人を自分の目で見る、ということを実践しようと思ったのですが、ごく一部のスタッフを除いて、そのことを分かってくれる関係者は少なかったようです。

みな、これまでに慣れ親しんできた方法論に頼ってしまいがちでした。ですからその部分でのこだわりが徹底できたとはとても思えません。私としてはキャラクターや背景デザインをする上で、特に留意したのは「どこかにいそうな人、ありそうな場所」というテーマでした。リアリティを感じさせるデザインで、それでいてアニメーションとして成立するくらいこなれた絵、ということですね。自分なりに上手くいったとは思っていたのですが、完成したフィルムを見るとまだまだ甘い点が多すぎました。

そして何より難しかったというか、困難を強いられたのはお金と時間と人材が足りなかったことです。

どの制作現場でも、概ねこのような傾向にありますが、『パーフェクトブルー』の場合は度を超してひどい状況でした。それは必ずしもスポンサーや制作会社の管理の問題だけではな

く、実情を知らされなかったとはいえ、私の経験不足が拍車をかけていたでしょうし、予算以上のフィルムを作ろうとした作り手の善なる無謀によるものかもしれません。しかし時間とお金があれ以上にあったとしても、画面の質の向上は確約されますが、物語として「より面白くなったか」といえば甚だ疑問です。

――この映画でレイプシーンや暴力シーンにはどのような役割があるとお考えでしょうか。また、暴力シーンによって、観客に訴えようとされたことは何でしょうか。

バイオレンス、というのはことさらに意識はしてませんでしたし、暴力描写を目的とする映画でもありませんでしたが、出来上がったフィルムを見て自分でも驚いてしまいましたね。随分と暴力的な描写が多くなってしまいました。しかしそれが失敗だったとは思いませんし、登場人物たちの感情を表現し、象徴する意味でも必要だったと思います。

レイプシーンについていえば、このシーンの一番の狙いは「アイドルの死」です。英語にすると「ポップスターの死」ということになるのかもしれませんが、それではニュアンスが伝わりませんね。文字通り「アイドル」という言葉に込められた偶像性の破壊です。

ファンにとって、また未麻自身にとっての偶像の死でもありました。

アイスピックでの殺害については、未麻の精神状態と密接な関わりがあります。このシーンはカメラマンの村野がテレビドラマ『ダブルバインド』を見ている、という客観的なシーンから始まって、未麻の主観的な夢であった、という風な繋がりで観客を騙しています。トリックといえばそれまでですが、未麻の無意識にはカメラマンに対する憎悪もあったはずです。もちろん未麻にとっては知名度においてステップアップのチャンスになったのですし、カメラマンに対する感謝の気持ちも大きいのでしょうが、やはり相矛盾した暗い感情の澱みもあるわけですね。文字通り「殺してやりたい」気持ちも少しはある。

それが夢という形を取って現れた、ということでしょうか。

――『パーフェクトブルー』では白をとても効果的に使われていたと思います。白の使い方で感情を表現するなど、何か意図があったのですか。

意外な質問です。どの部分を指しているのか計りかねますが、何度か挿入されるホワイトアウトする画面のことでしょうか。だとすれば、それはかなり意図的に使っていた表現です。これは日本語だけの表現なのかもしれませんが、「頭の中が真っ白になる」という言い方をします。極度に動揺したり混乱して、理性的にものを考えられない、いわばパニック状態を表す言い回しです。主人公・未麻の心理的な混乱や揺らぎの表現として多用しました。

また、この作品のテーマの一つとして、「光と影」ということが挙げられます。例えば「未麻ともう一人のアイドル姿の未麻(我々はヴァーチャル・未麻と呼んでいました)」であり、またステージに立つものとそうでないものとして「アイドルとそのファン」、「タレントと裏方スタッフ」といった対比です。そういった表現として白、というか光の演出は考えました。

――『パーフェクトブルー』にどのくらい満足されておられますか。

もっとも難しい質問ですね。コストパフォーマンスを考えれば随分健闘したとは思います。少ない時間と予算の中でよくなし得た、と思う部分も多いのですが、完成したフィルムを見たときは試写の席から逃げ出したくなりました。アニメーションフィルムの出来としては粗が多すぎます。

とはいえ、本作が予想以上の好評をもって観客に迎えられたことには非常に満足した、というより作り手の私の方が驚いてしまいました。よもや国際映画祭に参加するフィルムとは思いもよりませんでしたので。

ともかくそうした拙さは、映画を作る経験をさらに重ねて、補ってゆくしかありませんので、現在制作中の次回作『千年女優』では、もう少し品の良い画面を作るべく努力しております。

アニメーションだけが可能とする
逆転のトリックの正体

氷川竜介

異才を世に示した記念碑的作品

　本作『パーフェクトブルー』は、今 敏監督の才能を世に知らしめた記念碑的な長編アニメーション映画である。当初はビデオアニメとして制作がスタートしたものの、劇場用映画として海外映画祭に出品されて好評を博し、凱旋的に1998年2月28日に公開。都心の単館規模から次第にスケールアップして全国で公開された。

　原作は竹内義和による同名の小説。それに徹底的なアレンジを施し、アイドルから女優への脱皮を図る霧越未麻という一人の女性の抱える葛藤、心情の揺れを映像に託し、徹底的に描きぬいている。物語は、彼女の転身に恨みをもつ姿なき犯人の連続殺人事件というサイコサスペンス形式をとっているが、そこに実に巧妙なトリックが仕掛けられている。その真犯人とは、転身を後悔する自分自身ではないか……そんな疑惑が未麻の内心で膨れあがり、虚構と現実との境界が次第に曖昧になり、精神面でも追いつめられていく。そうした極限状態の心理が、最大のみどころである。

　この「虚実の皮膜が曖昧になって心情がゆらぐ」という方向性は、続く今 敏監督の『千年女優』('02)以後の各作品にも継承され、作劇や映像表現が深化して主題として研ぎ澄まされていく。監督の最新作『パプリカ』('06)では、その真骨頂ともいえる斬新な表現が頻出、総決算的作品として高く評価されている。

　今 敏の監督処女作だった本作で改めて注目すべきは、この独特の「ゆらぎ感覚」がアニメーション表現の可能性を提示している点だ。映画の基本文法であるモンタージュ技法とアニメ特有の抽象化を縦横に駆使して組み合わせ、心理の底へ切り込むための鋭い武器に転じ、アニメの既成概念を越えた部分をもつ作品だからこそ、言語の壁を越えて世界的な評価を勝ち得たのではないか。

　「リアル系」のルック(見た目)と作劇をとったことや「90年代の日本の生活と風俗」の緻密な描写で、本作は「実写にふさわしい題材」と思われがちであった。しかし、筆者は初見から「これはアニメでなければ実現困難な作品」と考え、機会あるたびにそう訴え続けてきた。その一方で理由を子細に説明すれば、ミステリーのトリックの真犯人とタネを明かすことにつながるため、未見の読者に不興をもたらしかねないというジレンマも抱えていた。

　ようやくこのDVD化に至り、「読者は作品の視聴後」という前提にたって初見での

感慨を考察として掘り下げ、提示できる。というわけで、念のために未見の方はここで中断し、先に視聴してから読み進めていただきたい。

映像の意図を伝えるプロトコル（お約束）

「なぜアニメでなければ実現困難か」——その理由から説明していこう。この作品における物語的な最大の驚きは、「真犯人がマネージャーのルミだった」という真実が観客に明らかにされる瞬間に訪れる。途中まで犯人と思われたストーカー的な「ミーマニア」に殺されかけ、追いつめられた未麻。助けられて自分の部屋に戻ったと安堵したのもつかの間、そこはコピーされた別室だった。驚く彼女の前に、アイドルのコスチュームを着た未麻が現れる。

それは何度も見た、自分を殺しに来た自分の過去の幻影なのか。だが、脇に置かれた姿見の鏡像が、それが元はアイドルで今は見る影もなく肥満したルミであることを示す。

物語の最大の快楽とは、「すべてのパズルの断片がハマった！」という感覚と「うまくダマされた！」という衝撃が同時に来る瞬間に発生する。この場面は、まさしくその典型。ルミが犯人であれば、つじつまの合うことばかりなのだ。

では、なぜこの大きな驚きが、この一瞬に凝縮可能だったのか。そこにこそ「アニメでなければできない」理由が潜んでいる。ミステリーではミスリードすることで読者、観客の視線を遠ざけ、真相を隠す。手品におけるトリックと同じ類のこの手業に、本作ではアニメの表現様式の根幹にある「省略と誇張」という文法を採用しているのだ。この「文法」を、送り手と受け手の間で結ばれる「プロトコル（手続き、お約束）」と捉え直し、掘り下げていこう。

映画もアニメーションも、送り手は映像の上に「ここで示している映像はこういう意味ですよ」という意図を乗せ続けている。作り手が未熟な場合を除き、無作為に見える映像でさえ「無作為という作為」というレベルの表現になるから、それは「常時」と言い切れる。受け手は想像力を巡らせ、映像と音声から受け止めた情報を脳内で検証し、「プロトコル」を探そうと模索する。その積み重ねの結果、物語というレールに身をゆだね、ドラマから発生する感情の機微に自身をシンクロさせて楽しむことが可能になる。こうした送り手・受け手の共犯関係の醸成が「映画鑑賞」という行為の正体であり、構造だ。

ところが大半の観客は、こうした構造やプロトコルの存在には無自覚で、ほとんど意識することはないし、作り手もプロトコルそれ自体を作中への没入感の阻害要因として隠蔽する。その証拠に映画鑑賞後の観客は、まず「物語」か「キャラ（俳優）」のことしか話題にしないはずだ。そこにトリックを埋め込む「スキ」が生じる。今 敏監督の場合、この「スキ」は「虚実の混淆や逆転」によって大きくこじ開けられ、快楽をもたらす「スイートスポット」または「ツボ」に転換されている。

今 敏監督は、（失礼ながら）もし映像作家でなく犯罪者になっていれば「愉快犯」的

な素養を備えている人物ではないかと筆者は常々考えているが、その一種の「小意地の悪さ」が「ツボ」の発見に、間違いなく優位に作用している。真犯人発覚のシーンで驚きと同時に、まるでイタズラの犯人が名乗り出たようなブラックユーモア的な味わいが感じられるのはそのためだ。意地が悪いというのは、この重大なトリックが「それだけは絶対に裏切らないだろう」と観客が思いこむはずの2箇所に仕掛けられているからだ。1箇所は未麻にとって最大の味方であると思わせ続けてきたルミという人物像という物語を成立させる土台。もう1箇所は、「現実味あふれる真実を模擬しているに違いない」と観客が思いこまされてきた「リアリティを強く感じさせる映像」、つまりプロトコルである。

　この2つの仕掛けを表裏一体のものとして統一的にコントロールできるのは、アニメーションだけと断言できる。実写でもVFXでも近しいことはできるが、ここまで完全なトリックは無理だ。それはアニメーションだけが「見た目のリアリティのレベルを自在に操れる」表現様式だからだ。

　本作でよく言われる「リアルな描写」も「虚実の皮膜の往還」も、サイコサスペンスを成立させる犯人の動機と被害者の心理でさえも、重要なファクターはすべて「アニメ表現だけが可能なトリック」でリンクされつつ隠蔽され、クライマックスで大どんでん返しが起きる物語構造と不可分になっている。そこが最大の魅力だ。

リアルな描写それ自体がトリック

　こうした仕掛けはミステリーの「叙述トリック」に近いものと言えよう。では、アニメのどのような叙述様式が、どのようにしてトリックを成立させているのだろうか。

　ヒントのひとつは、劇中の秋葉原に登場する「目の大きな美少女《アニメ絵》のポスター」である。映画それ自体が「アニメ」であるにも関わらず「作中人物が（自分たちの容姿とは異なる）アニメと認識するものがある」という倒錯した表現それ自体が、トリッキーな発想だ。つまり「リアルなもの（実）」と「非リアルなもの（虚）」の区別が、この作品に内在するという宣言なのである。

　アニメーション表現は抽象化が基本である。単純に情報密度を上げて「リアル」に近づけたとしても、感覚としての「リアリティ」は必ずしも向上しない。目の大きなアニメ絵キャラたちが泣いたり笑ったりしたとき、観客が「これがこの世界のルール（プロトコル）だ」と受容すれば感情移入は可能だし、むしろリアリティ獲得に有利に作用することが多い。現に米国産のアニメーションは「省略と誇張」を是としていて、欠落した情報量を感情表現の誇張で埋めることで、物語的リアリティを獲得させるというプロトコルを採用し、それはCG時代になっても変わっていない。

　ところが『パーフェクトブルー』では、アニメ作中で「アニメという虚とそれ以外の実がある」というダブルスタンダードが明示されている。その2つの根拠が未麻という人物の「アイドル＝虚」と「肉体と自意識をもった女性＝実」の二面性に納得性の裏打ちを与え、観客の感情移入を誘う。たとえばアイドル時代の未麻はフリフリの非現実的な衣

装をつけてステージに出るが、秋葉原のアニメポスターのように目の大きな美少女に変身してしまうわけではない(そういう美少女アニメが無数に作られているにも関わらず)。「追っかけ」をしているファンもそれを承知で彼女の「虚をまとった実」を楽しむ。その様相が活写されることで、未麻ファンの意識はリアルワールドにいる映画の観客に共有される。それが「セル画で描かれていても、デフォルメされていなければリアル」という『パーフェクトブルー』独自の叙述上の「プロトコル(お約束)」を発生させる。

　このプロトコルは、未麻が帰宅したときに画面を埋め尽くす「リアルな」生活表現でさらに補強される。いかにも独身女性の部屋といった室内のベッドやスツール、姿見など家具の配置、小物類や寂しさを紛らわせる熱帯魚など、緻密なディテールがアニメの抽象化の方針に反するように積み重ねられ、リアリティを発生させている。あるいは電車内の吊り広告、90年代的なパソコン表現やウェブデザイン、無機質な都心の住居の風景も「この世界観は現実と地続き」というプロトコルを強固にしていく補強剤だ。

　しかし、この「強さ」それ自体が観客を引っかける「トリック」なのである。

主観と客観のダブルバインド

　なぜならば、映像には「主観と客観」というプロトコルレベルの問題がつきまとっているからだ。すべての映像は「カメラ」という存在を介したものだと意識すれば、主観っぽいものを擬態した客観と思えてくる。本当の主観映像とは「自分の顔が写らないもの」だからだ。しかし、映像は同時にフレームで切り取られた「画」でもあるため、客観的に見えてもすべて誰かの主観を通して得られたものとも思えてくる。劇中劇のタイトル『ダブルバインド』のとおり、「板挟みのジレンマ」をもつ倒錯した構造が、映像の本質にある。そうしたコンフリクト(葛藤)を抱えていることを意識しつつ、表現上で「主観と客観」のどちらなのかをコントロールすることが、単なる映像を紡いで「映画にしていく」行為だと換言できる。

　ところがアニメーションの場合、すべての映像エレメントが「描かれた作為」であるため、この倒錯はさらにもう一階層深くなる。その混乱を防ぐため、大半のアニメーションは「キャラの動きはこれぐらい柔軟に」とか「目の大きさはこれぐらい」と描写上のルールを定めることでプロトコルを収束させようと努力する。

　だが、逆にこの階層間の関係性をうまく操ることで、このコンフリクトの主従を入れ替えることもできる。それが本作の「トリック」の中核に位置する「ツボ」である。

　たとえば真犯人であるルミ、あるいは傀儡（かいらい）としての犯人ミーマニアの2人は、他の登場人物に比して動物的と言ってもいいほど著しく誇張されている。それは、物語の全容が分かった今は「最初からおかしいと思うべきだった」と言えるほど顕著である。特にルミは「アイドル出身」なのにこの容貌、折りに触れて見せる激情は、怪しむべきことなのだ。だが、「アニメキャラはデフォルメ」という思いこみや、マネージャーという設定上の役割が疑惑を打ち消す。さらに、明らかに言動が異様なミーマニアの存在がミスリードになって、ルミへの違和感を伏線ごと隠蔽してしまうのだ。

しかもこの主観・客観問題は「未麻の自分探し」という内面の葛藤にもシンクロしている。「年長者のルミは未麻の未来のひとつのシミュレーション結果」と捉え直せば、その「未来の自分」が「過去の自分」の姿を借りて「現在」を殺しに来る……という構造も、未麻が自分の人生について一度は内心で考え、抱いた不安とリンクしているはずだ。そんな不気味な整合性を示し始める。

　ストーキングの恐怖を見せたいだけなら、幻影やゴーストなど超常の者が未麻を襲うだけで充分である。そこに「ルミが見つめるアイドル未麻」という客観、「ルミがアイドルだった過去の自分を見る」主観、その対立と倒錯が入りこむから逆に「あり得る」というリアリティが発生する。主観と客観が衝突して発生した葛藤を現実化するための依代として、夢のアイドルが加齢によって現実化した存在・ルミがいる。本来は目に見えない「恐怖という感情」は、鏡面を介して同一画面に表示され、何度も提示されてきたプロトコルのダブルスタンダードが合一することで、アニメ独自のリアリティに昇華して観客を震えあがらせる。

　鏡の中の「虚像」は、肥満したルミが強引にアイドルのコスチュームを身にまとった醜悪な姿。未麻を軽やかな足取りや空中浮遊で追うのは、現実の未麻以上に美しい「本当の自分」。虚実、美醜が一体となって展開し、「同一画面内」で捉えた映像の積み重ねで発生する手の込んだ「新プロトコル」は、観客に恐怖の感情とともに認知されていく。だからこそ、クライマックスのチェイスシーンは臓腑に染みるほど怖く、逆に逆転劇にもカタルシスを感じるのである……。

　おそらくこのトリック、逆転の仕掛けがかなり初期に考案され、そこから逆算するかたちで手前の描写が積み重ねられていたのではないだろうか。はたしてアニメ技法のどんな手練手管を使えば、この逆転劇が成立するのか。そもそもアニメの中ではいったい何が「現実」あるいは「虚構」と決められているのか。その模索のプロセスの成果が、終盤に結実しているとも思える。

　それはアニメーションという表現様式、それ自体の「自分探し」でもあるとも理解できる。だからこそこの虚実の交錯は未麻の自分探しのドラマにも共鳴し、輝きを与えているように思えるのである。実はその点が筆者には非常に興味深かった。本来は多種多様な表現を含み、可能性は無限大のはずのアニメーション。それが現代日本ではバーチャルアイドルの生産装置に矮小化され、次々と作られては消費されて忘れ去られていく。それがアニメ業界の底を支えているからすべてを否定もできないが、それだけではないのではないか……。

　霧越未麻のアイドルから女優への脱皮は、日本製アニメが密かに抱く「脱皮」への願望の相似形──そんな提言としても、この作品を観ることができた。1998年のミニシアターを埋め尽くした若い観客たちの中で、物語的興奮とともにふと覚えたそんな感慨を、約10年が経過して、ようやく言葉にできた。その後、アニメは「脱皮」できたのだろうか？　そんな想いとともに、本作の示した可能性を再リリースを機にもう一度確認してみたい。

『パーフェクトブルー』の〈語り口〉

藤津亮太

絵コンテのどこを読むか

　絵コンテとはアニメ制作における「設計図」である。実物を見ればわかる通り、まず絵コンテには各カットを構成する要素(キャラクター、背景、セリフ、効果音etc)が描かれている。そしてさらに、そのカット同士がどのような連続性(コンティニュイティー)をもって配置されるかが示されている。

　カメラを使い現実を切り取る「実写」と違い、フレームの中を作り込むことで映像を作り上げる「アニメ」は、絵コンテ段階で映画全体をどのように設計するか、が作品の方向性を大きく決めることになる。

　『パーフェクトブルー』という物語の最大の特徴は、ストーリーの進行に従い次第に虚実が曖昧になっていく現実崩壊感覚にある。しかもそこに登場する「虚」と「実」も、「主人公・未麻の現実」「出演しているドラマ」「錯乱した未麻の感じる幻影」と複数存在し、それらが複雑に絡み合っている。

　このような作品にあって、虚実が曖昧になっている状況を具体的に表現するにはどうすればいいだろうか。

　そのアプローチの一つが、絵コンテで組み立てられている各カットの連続性、それにともなう語り口の部分にある。

アクション・カット風のつなぎ

　『パーフェクトブルー』で非常に特徴的に使われ

▲C-42→C-43の5コマ。「前カットのアクションをつぐカンジで」という指示が入っている。

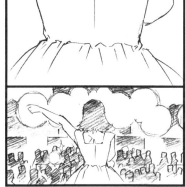

▲ C-58→C-59の5コマ。
アクション・カット風のつなぎ。

ているのがアクション・カット風のつなぎである。

　アクション・カットとは、二つのカットにまたがって一つのアクションが描かれるカットのこと。一つのアクションのどこでカットを割るかで、アクションの印象も大きく変わる。『パーフェクトブルー』でよく使われているアクション・カット風のつなぎとは、そのままずばりのアクション・カットではなく、二つの異なるアクションをアクション・カットのように連続させてつなぐやり方である。絵コンテのト書きを読むと「アクション・カットで」「アクション・カット風に」などと指示されている。

　本編でこのつなぎが一番最初に出てくるのは、C-42とC-43(P.035)。電車の中で音楽を聴きながら小さく振り真似をする未麻と、チャムのステージでの未麻のアクションがつながれる。C-43のト書きには「前カットのアクションをつぐカンジでステージ上の未麻」と書かれている。

　そして今度はC-51からC-54(P.037〜039/C-52・C-53は欠番)、C-58からC-59(P.040〜041)。ステージ上の未麻のアクションが、そのままスーパーで買い物をする未麻の姿につながれ、信号を小走りに駆けて画面手前まで来る未麻が、ステージで画面奥まで歩く姿につながれる。

　映画冒頭から始まっているアイドルグループ「チャム」のステージで、未麻はチャムからの卒業を発表する。その合間にインサートされる、電車に乗りスーパーで買い物する場面は、ステージの後、自宅まで帰宅する途上の未麻の姿である。『パーフェクトブルー』は、アイドルから女優への"脱皮"を迫られる未麻の境遇を、対照的な場面をカットバックさせることでコンパクトに見せていく。

　このカットバックがおもしろいのは、コンサート場面と日常生活の場面が、時間も空間も異なっているにもかかわらず、未麻のアクションを"接着剤"とすることで非常に自然につながっているところにある。被写体の動きを目で追うという観客の習性を利用し、一貫性を失わないまま、一気に時間と空間を飛び越えるのである。そして時間と空間を飛び越えてしまった観客は、知らず知らずのうちにその現実感覚に揺さぶりをかけ

られている。『パーフェクトブルー』は映画の冒頭からこのようなつなぎを連続して見せることで、全編を通じて「現実感覚への揺さぶり」を行うことをまず示しているのだ。そして、このつなぎこそ観客が「混淆する虚実」に飲み込まれていく、最初の一歩なのだ。

　こうしたつなぎの延長線上にC-150EからC-151（P.069〜P.070）へのつなぎも位置づけられる。ここではアクション・カット風のつなぎは行われていない。ここで二つのカットをつないでいるのは「あなた、誰なの？」という未麻のつぶやきだ。

　このセリフは、謎の脅迫ファクスを受け取った未麻がC-150Eでつぶやいてもおかしくないセリフだ。しかし実際には、ドラマの出演が決まった未麻の、唯一のセリフであることがC-151でわかる。

　ここでセリフを通じて、謎のファクスに恐怖を感じる未麻の心情に一旦寄り添ったと思った観客は、それが劇中劇のセリフに過ぎないことが示されるため、梯子をはずされたような感覚に陥る。現実感覚が激しくシェイクされるのだ。

　ここでは、セリフといういわば見えない"アクション"をつかってカットをつなぎ、時間と空間を飛ばしているというふうに考えれば、C-150EからC-151へのつなぎもまた、アクション・カット風のつなぎのバリエーションであると考えることができる。

　『パーフェクトブルー』では、このような語り口が絵コンテ段階から明確に計算されており、それが作品の独特の雰囲気を形づくっているのである。

画面を覆うものと未麻

　『パーフェクトブルー』にはこのほかにも、虚実を演出する印象的な画面がいくつかある。

　たとえばC-256からC-257（P.0100〜101）。ここでは、ピントのあっていないカーテンが画面を横切るアクションにあわせて、劇中劇のエキストラが画面手前を横切るアクションがつながれている。

　素直に見ればアクション・カット風つなぎのバリ

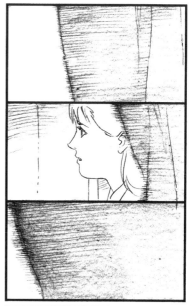

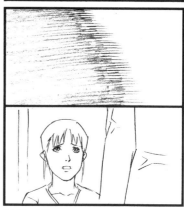

▲C-256→C-257の5コマ。
「前カットのカーテンの動きを継ぐカンジで」
という指示が入っている。

▲C-581→C-582の4コマ。
「鏡像ダブラシ」「マルチボケ」という指示。

エーションでもあるが、カットつなぎ以外にも重要なポイントが二つある。一つは、カーテンやエキストラの体が画面全てを覆って、あたかもワイプのように映像を場面へと変えていく点。もう一つは、その画面全体を覆うものの向こうに未麻の姿があること。

この2点に注目すると、つなぎこそアクション・カット風ではないがC-40（P.034）と、C-256（P.100）、C-257（P.101）が似ていることに気付かされる。タイトル直後のこのカットでは画面を近くのビルが猛スピードで通り過ぎ、ビルがなくなるとカメラはT.Bし、車窓に映る未麻の顔を映し出す。

目の前を覆っていたものがふっとなくなった瞬間に未麻の姿が見える――。このような描写を3回積み重ねた後、C-581（P.190）が登場する。車の外を見つめ、「作り笑顔をする未麻」（ト書き）。その直後、車の窓を一つのフレームに見立てたように対向車の影が窓を一瞬覆ったかと思うと、ヴァーチャル未麻が現れ、本物の未麻をあざ笑って去っていく。

C-581は、C-40、C-256、C-257の変奏といえる。画面を覆っていたものがなくなると、前出の3カットは本物の未麻が登場していたが、C-581ではそこについに偽物の未麻が現れるという仕掛けになっているのだ。

普通に見ていただけではC-581のインパクトに気付くだけだが、改めて絵コンテを読み直すと、事前に似たようなカットを積み重ねることでC-581の印象が大きくなっていることがよくわかる。

このようなテクニックを積み重ねることで『パーフェクトブルー』という作品は、その独特の雰囲気を作り出しているのである。

Cパートに入ると、虚実混淆の感覚がクライマックスに至る。未麻が気を失い自分のベッドで目を覚ますというシチュエーションが、何度も繰り返される。このシチュエーションが前出以外のどのようなテクニックをつかって構成されているのか、ここでは紙幅の都合上解説することはしないが、これまでの解説を念頭に置きながら絵コンテ全体を読んでみるのはおもしろいだろう。

さらに興味を持った人であれば今 敏監督が『パーフェクトブルー』に続

いて監督した『千年女優』の本編を見るなり、絵コンテを読むことをお薦めする。『千年女優』は『パーフェクトブルー』のようなだまし絵感覚のある映画を、というところから企画がスタートした映画である。こちらではどのようなアプローチで虚実混淆を表現しているのか。それは『パーフェクトブルー』とどのように共通で、どのように異なっているのか。それを知ると今敏監督の演出術の一端がより具体的に見えてくるはずだ。

今作品における絵コンテ

　最後に今 敏監督の絵コンテ術の変遷について触れておこう。

　今監督の最新作『パプリカ』のコンテを見ると、過去の作品以上に画が緻密に描き込まれていることに驚くだろう。

　今監督は『東京ゴッドファーザーズ』『パプリカ』では、絵コンテの画をそのままレイアウトとして再利用するという方針を決め、それを前提に絵コンテの画を描いているのである。絵コンテ執筆に画像処理ソフトPhotoshopが導入されたこともあり、背景と人物は別レイヤーで描かれ、背景データをプリントアウトすればそれがレイアウトとして活用可能、というわけである。

　おそらくこの部分こそ『パーフェクトブルー』の絵コンテとの最大の違いであろう。『パーフェクトブルー』の場合は、通常のアニメの制作工程通り、絵コンテをベースにアニメーターがレイアウトを起こすという手順がとられていた。だが、上がってきたレイアウトの中には、空間感やリアリティなどの点で物足りないものもあり、その修正に多くの労力が割かれることになった。

　このような事態を避けスムーズな進行を可能とするため、レイアウトで再利用できるような絵コンテが描かれるようになったのだ。これにより美術設定や小物の設定も同時に絵コンテの段階で決め込まれるようになった。

　そもそも今監督は演出家になる以前は、『老人Z』(90年)で美術設定、『機動警察パトレイバー 2 the Movie』(93年)で美術設定・レイアウトを手がけるなど、実力ある設定マン、レイアウターとして知られていた。そういう意味では、レイアウト、美術設定などを固めてしまう制作手法は、今監督でなければできなかった、という種類のものでもある。

　『パーフェクトブルー』はそうした今流の絵コンテ術が完成する以前の作品である。本編と見比べるなどして、絵コンテからどのように映像がふくらんでいるかを見るのもおもしろいだろうし、一方で『千年女優』以降の作品のコンテと読み比べてみるのもおもしろいだろう。

※『千年女優』『東京ゴッドファーザーズ』『パプリカ』の絵コンテ集、すべて弊社より刊行中。

録り下し 岩男潤子インタビュー
JUNKO IWAO INTERVIEW

インタビュアー：吉田豪

アイドルの精神的苦悩やセカンドキャリア、ストーカーやネット問題など、近年の事象を予見したかのような『パーフェクトブルー』について、アイドル業界を知悉したプロインタビュアー吉田豪が、主演声優・岩男潤子に深く尋ねた。

『パーフェクトブルー』の日本公開は1998年、まだ20世紀であった平成10年——今から20年以上むかしとなる。Windows 98やiMacの日本版が発売され、CD生産が国内史上最高を記録しながら、携帯電話普及率がまだ30%代（2015年には139.8%！）だった年——おニャン子クラブの解散から10年を経て、モーニング娘。がメジャーデビュー（ほか浜崎あゆみ、椎名林檎、宇多田ヒカル、鈴木あみも）し、アイドル冬の時代に幕が引かれ始めた年である。

『パーフェクトブルー』の重要さは、今監督によるアニメーションの演出技法の先進性と同時に、現代の諸問題にもリンクする、その古めかしさ（いや、今だからこそ理解しやすくなっている）ではないだろうか。

今回、収録したこのインタビューは、これまで触れられることが少なかった、そのポイントを確認するための記事である、とも言える。　　　　　　　　　　　　〈編集部〉

元アイドルの時代

——今日はなんの話からしましょうか。

岩男 ……あんまり自分からはしゃべれないほうなので。

——キャリアは相当長いのに！

岩男 フフフフ、声優だけでも気づけば今年25年で、デビューしたのは高校1年生の16歳だったので……もう数えたくないです（笑）。30年は優に超えてしまいました。

——アイドル時代の話って、いまはできるんですか？

岩男 はい、ぜんぜんできます。

——ボク、セイントフォーについてはかなり調査してまして。

岩男 はい、存じております（笑）。

——ほかのメンバーからはいろいろ話を聞いて、岩男さんが相当かわいそうな目に遭ってきたっぽいことはわかってます。

岩男 ……メンバーの方がおっしゃってたんですか？

——はい、「厳しすぎて、かわいそうなことしちゃった」とか。

岩男 ……これもどこからお話ししたらいいのか。

——まずセイントフォーとはなんのかからでしょうね。

岩男 それももちろん知らない方のほうが多いですし、私の名前を見て「イワオとこって誰？」って声優さん同士でも言われるくらい、知らない方が多いので。

——80年代なかばに少女隊、セイントフォーと数十億円をかけて売り出されたアイドルグループが次々と登場して、セイントフォーはアクロバットチームみたいな方向性の4人組で。

岩男 そうですね、ダンスだけじゃなくてアクロバットと、衣装もアイドルらしいフワフワしたかわいらしいものじゃなくて。

——『キャッツ・アイ』みたいな感じで。

岩男 まさに『キャッツ・アイ』ですよね、体の線がバッチリ出てしまうレオタードをモチーフにした衣装だったので。

——大々的にデビューしたものの契約問題のゴタゴタでレコードも出せなくなり、メンバーがひとり抜け、そんな大変な時期に加入したのが岩男さんなんですよね。

岩男 はい、私がセイントフォーに入ることが決まったのが15歳、デビューしてステージに立たせてもらったのが16歳で。

——もともとセイントフォーの妹分グループを作る話があって。

岩男 そうなんです。元をたどると13歳のときに何もわからずに親にも内緒で雑誌に載っていたオーディションの募集要項を見て、それが「あなたも歌手になりませんか？」という、『ザ・オーディション』というタイトルのオーディションだったので。

——それが後の映画『ザ・オーディション』につながっていく。

岩男 そうなんです、そこにつながっていくとは思わずに、ホントにわけもわからず合格の通知をいただいて、その『ザ・オーディション』って映画に出ることになるのかなと思って上京するんですけど、じつはそれはいわゆる養成所の、いまでいう養成ビジネスっていうんですかね。

——要はオーディションビジネスだったんですよね。

岩男 そうなんです！

──「あなたも歌手になりませんか」というDMを片っ端から送って事務所に人を集めて、多額の登録料を集めるのが目的で、そのオーディションの宣伝映画が『ザ・オーディション』だった。

岩男 そうなんです。ものすごい覚悟を決めて、親も説得して上京してみたら、私のように、役のオーディションじゃなかったんだっていうことを事務所にたどり着いて初めて知る人たちが……。

──「とりあえず仕事はべつにないけど、お金を払ってレッスンに通ってね」っていう状態で。

岩男 はい、「レッスンに通って」っていうのに受かってしまっただけだったのがショックで、でもこんなこと誰にも言えないと思って。学校の友達にはまったく何も言わずに上京してましたけど、家族が聞いたらショックを受けるだろうなって。でも、帰るに帰れないので。

──13歳でそれはキツいですよね……。

岩男 当時、親戚の家にお世話になってたんですけど、「事務所の寮が空いたら入れてもらってもいいか? 私、帰るわけにいかないんです」って言って、「そこまでの覚悟で来てるんだったらたくさんオーディションを受けて何か決めるしかないね」って言われたんです。当時、妹分としてリトルウィングっていう同じく4人組をデビューさせるっていうことでオーディションがたくさんありました。で、4人が決まったんですけど、そのうちの2人が映画の主役で引き抜かれて。

──よその事務所に?

岩男 そうなんですよ! それで私ともう1人残って、じゃあ2人でリトルウィングでデビューしようってなったんですけど、その2人で『ザ・オーディション』の劇中、オーディションを受ける役で後ろ姿で出演することになりました。

──後ろ姿!

岩男 でも、それはデビューとは言えないでしょう、エキストラなので。しばらくは『ザ・オーディション』の現場に毎日行って、コンサート会場のお客さんの役とかチョコチョコやって。映ってるのはそのオーディション場面だけですけど。

──『ザ・オーディション』もすごい映画でしたよね、オーディションの宣伝映画のはずなのに、芸能界の汚い部分をひたすら見せつけるっていう。

岩男 そうでしたね、目指してる人たちが観たらショックを受けるような。その撮影現場でもいろんな複雑な気持ちでいたせいか、私はあちこちでメソメソしてたんですよね。誰もいないところで泣いてるつもりが、世良公則さんとかセイントフォーのメンバーが気にかけてくださって。「頑張ってたらいいことあるよ」みたいな感じで声かけてくださって、優しい人もいるんだなと思って頑張れたところはありますね。そのうちセイントフォーがデビューしたと思ったら板谷祐三子さんが辞められるということで。

──いろいろゴタついてきて。

岩男 そうですね。子供だったのでなんでゴタついてるかはわかってなかったんです。触れちゃいけない部分だと思うので、見ないように聞かないようにしてたんですけど。板谷さんが抜けるっていうのはショックでしたし、そこに私が入れ替わって入るなんてファンの人が許さないだろうなって。オーディションを受ける前からためらうものがありました。新メンバーのオーディションもけっこう大勢が受けてたんですよ。

──研修生みたいな人がいっぱいいるから。

岩男 そうです。だから連日オーディションで、自分が受かるとは思ってませんでした。もっとふさわしい人、スタイルだったりダンスだったり実力のある人がたくさんいる中で、受かってしまって「どうしよう」という気持ちで、あっという間にアクロバットの訓練が……。練習というよりは「訓練です」って言われて、武蔵小金井の体育館でクタクタになるまでトランポリンとかでイメージトレーニングしていました。跳び箱十段から宙返りとか、そういうのを(笑)。

──セイントフォーの訓練は、頭もガンガン打って膝に水溜まるのが当り前ぐらいだったって聞いてます。

岩男 青アザだらけで、その青アザをドーランで隠してステージに立つぐらいの、そこまでやらないと本番には立てないというか、いてはいけないみたいなことも先輩から教わりつつ。でも、基本的にはみなさん優しいので。当時、いわお潤という芸名だったんですけど、「潤が頑張ったらみんなが幸せになる」って言ってくれて、すごく励まされました。当時、私ちょっとポッチャリとしてたのでダイエットもしてたんですけど、先輩たちがこっそりチョコレートをくれたり、アイスをごちそうしてくれたり。そういう先輩たちがそばにいてくれたおかげでデビューはできたんですけど、デビューしたその日に、当時はまだ紙テープが飛んでくるステージで歌わなきゃいけなくて。

──あの時代、紙テープは当り前ですからね。そして、たぶんテープの芯を抜くということを知らない人たちも多くて。

岩男 そうなんです。だから芯が顔に当ったり、それを避けながら歌う技も身につけなきゃいけなくて、アイドルってみんなが思ってるキラキラした華やかなものだけじゃなくて、メンタルが強くないと生き残れないですし、ちょっとやそっとで泣いていては続けられないんだなと思って。握手会とかサイン会もあったんですけど、4人並んでるなかで私が最後で、3人にはお客さんが花束とかかわいいぬいぐるみを渡して、私にはゴミが詰められたゴミ袋とか、子泣きじじいの気持ちの悪いお人形を投げるように渡して帰る人とかもいて。

──「おまえを認めないぞ」という人たちが。

岩男 そうなんです、「頼むから消えてくれ」みたいなことは手紙でもたくさん書いてあって。私が板谷さんを追い出したみたいに誤解されて、みんな恨みに思ってて。

──そんなわけがないのに。

岩男 そういうのも含めて精神的にすごくつらくて。全員が全員そうじゃなくて、もちろん「応援してるからね」っ

て言ってくれる人もいるんですけど。でも苦しかったです。

――しかも、テレビに出たりレコードリリースしたりの華々しい活動は味わえなくて、もっと地味な活動になってからの加入で。

岩男 そうなんですよ。入ることが決まったときに解散時期があらかじめ決まっていて、そこまで駆け抜けてくださいっていうことだったので。いま思えば未熟だったんですけど、途中で……。

――ラストコンサートまでは残れず。

岩男 残れなかったですね、いろんなことが重なって限界でした……。身近にいるスタッフの方とかにも、同じように批判する人もいましたので、どこにも助けを求められない状況で苦しくなって辞めてしまったんですね。

セカンドキャリアへ

――実家が事務所にけっこうお金を払ってたのを知ったのは、辞めたあとだったんですか?

岩男 辞めたあとです。「辞めてよかった」って親にも泣かれて。自分が夢を追いかけるためにいろんな人たちを傷つけて悩ませてしまってたんだなって思ったら、10代の後半とはいえ心が折れてしまいそうというか……。

――活動スタート早々にひどい目に遭いすぎてますよね。

岩男 ひどい目に……自分にいろいろそういう……。

――岩男さんに落ち度はないですよ!

岩男 いや、ちょっと反省しました。明るい部分を持っている人になるにはどうしたらいいんだろうって。私が招いてしまったトラブルなんじゃないかっていう自責の念にかられてつらかったです。あのとき私じゃない人が入ってれば……みたいなことばっかりクヨクヨずっと考えてました。もしかしたら解散せずに済んだんじゃないかとか、「私のせいで、私のせいで」みたいなことでどんどん苦しんでしまって。苦しいところで、さらに次のデビューじゃないですけど、「脱アイドルならグラビアでもけっこう過激なものをやらないと生き残っていけないよ」っていう話が。

――当時はホントにそうでしたよね。いまの時代がちょっとよくなったと思ったのが、売り出しの資金回収で脱がされるみたいなパターンがなくなったじゃないですか。昔はあきらかに自分の意思じゃなくヌードグラビアやらされちゃう子がすごくいて、そしてそれが芸能界でのステップアップになるわけじゃなく、それを最後にいなくなったりもするっていう。

岩男 そうなんですよ……。まさにそのコースを私はたどろうとしてるのがわかって、人生やり直したいじゃないですけど、どこからどう変えていけばいいのかわからず、一度は離れようと思いまして。ふつうの高校生といっても芸能界の人が多い明大中野の夜間だったんですけど、卒業するまでにちょっと考え直して、何が自分の一番やりたいことなのか見つめ直そうと思ってアルバイトしながら……。

――上京するタイミングで親御さんに期限を決められていたわけですよね。

岩男 そうです。東京に来てすぐ14歳になったんですけど、親と約束したのが13歳のときで、「10年後の23歳のときにデビューして自立できない状態であれば、すべてあきらめて帰ってきなさい」と言われてましたので。

――そしてデビューはしたものの、自立するどころかむしろとんでもない持ち出しで。

岩男 そうですね、いまだにホントの額は知らないんですけど、でもきっとあれだけ涙を流してたということはホントに……。

――けっこうな金額を。

岩男 だと思います。だから10年の約束とはいえ、帰らなければいけないのかなと思いましたし、夢を追いかけてる場合じゃないなって気持ちにもなって。高校に通いながらふつうの会社でデスクワークをしたんですけど、芸能界じゃないところでもドロドロとした人間関係が……。

――どこにでもあった。

岩男 いまでいうセクハラ、パワハラみたいなものはふつうにあって。いまはいろんな人たちが守って対策しようとしてくれますけど、当時は「そういうのを受け入れて大人になっていくのよ」みたいな。だから芸能界じゃないところでもこんな状態なのであれば、同じ苦しいなら、好きな世界で歌を歌ったり演技をするところに戻りたいと思って。そこからまたデモテープを作って、その頃は自分でレコード会社さんに持ち込んだり、芸能事務所さんに「お仕事ください」ってお願いしに行って、そこから少しずつチャンスをいただいて歌うことができたり、歌うことが決まらないときはほぼ毎週のように土曜に日曜はデパートの屋上でヒーローショーとかアンパンマンショーとか開催されてるので、そこで司会のお姉さんをさせてもらったり。

――顔バレとかしなかったんですか?

岩男 一部の人にはすぐ伝わってしまって。高校にも写真を撮りに追いかけてくるファンの方がいらして、私だけじゃなくてほかのタレントさんがたくさん登下校されるので、その登下校を狙って校門の前で、車のなかからだったり、木の陰から大きなレンズを出して撮影する人、それから一緒に電車に乗ってくる人、家までついて来る人といたので、すぐにバレてはいるんですね。アルバイト先で写真を撮られたりとか。だから家に帰るときも、この角を曲がるともうちょっとで家なんだけど、すごく遠回りをして帰って。家に帰ってからも部屋がわかるといけないので、明かりをつけるタイミングを1時間ぐらいずらしたりしてました。そのぐらい熱心なファンの人というか、お仕事どうしてるんだろうって、こっちが心配になるぐらい四六時中ついて回る人たちがいて。いまだったらすぐストーカー問題になるんでしょうけど、当時は警察の人に言っても「何かされたわけじゃないんでしょ? 写真を撮られただけでしょ?」ぐらいの感じだったので。そういうところでも気持ちが休まらない、アイドルを辞めたあとも心が落ち着く場所がまったくない状態

で、唯一、学食でみんなで話してるときとか……それで紛れてましたけどね。

——……聞けば聞くほど『パーフェクトブルー』をやるしかない運命の人じゃないですか。

岩男 ああ、そうですね、『パーフェクトブルー』は「私がやるしかないと思います」と声に出して言ったわけではないですけど、未麻になりたいって。こんなに未麻のことをわかる人はほかにはいないっていうぐらいの強い気持ちで、オーディション前にいただいた絵コンテを見てました。

パーフェクトな未麻

——シンクロしすぎですよね。

岩男 そうですね、『パーフェクトブルー』のお話をいただく前に、ひとり暮らしをしていた部屋に明け方ベランダから忍び込んできた男の人がいて、そのとき引越したばかりで、母が九州から手伝いに来てくれていて、母とふたりでシングルベッドに寝てたんですけど、誰かが足を触ってると思って目が覚めたら足下に男の人がいたんですよ。

——ええっ!?

岩男 私の足をさすってたんです。それがまったく知らない男性だったのですごく怖くなって、隣にいた母の手を握って「どうしようどうしよう?」って言ったら母がガバッと起き上がって、「あなた誰なの!?」って裸足で追いかけて行って、私は腰が抜けてしまって何もできなかったんですけど、少し経ってから私も裸足で追いかけて、でも逃げられてしまったという恐怖体験をしていたので。裸足で追いかける場面もあるじゃないですか。

——そこもシンクロ!

岩男 最初は怖くて声が出なかったんですけど、やっと声が出て「誰か助けて!!」って叫んだときのこととか、そういうことがリアルに思い起こされて。演技というよりは自分がいままで経験してきた怖さをそのまま乗せることができて。そういうことも絵コンテを見ながら、「私ならできる! 受かりたい、どうしたら受かるんだろう?」って、怖いんだけどやってみたいという気持ちがふつふつと湧いてきて。A4の絵コンテを事務所の会議室で見せていただきながら、当時のマネージャーさんに「悩むとは思うよ、あなたの声はどこにでもある声だから、何かひとつ自分で脱皮するきっかけを作らないと生き残っていけないんだよ」っていうのは言われてたんです。作中でも未麻が、このままアイドルでいるわけにはいかないんだよっていうところですごく葛藤していて、歌も好きだけど小さな事務所のことも思ったり、いろんな気持ちを押し殺しながら女優へと転身したじゃないですか。私もこれまでいろんな壁にぶつかってきたんですけど、ここで「いや、私は清純派で!」なんて言ってる場合じゃない、チャレンジしなきゃこの先の扉は開けない、と思ったんですよね。

——その感情自体が映画ともシンクロしているという。

岩男 そうですね。アフレコのときに自分の心の声をそのまま脚本で書き起こされたような気がして。私の生活を見られてたんじゃないかっていうぐらい。絵でも部屋の様子がよく似ていたので、全部終わってからですけど今 敏監督に、「私のお部屋とか見たことあるんじゃないですか?」って言ったぐらい(笑)。

——「変なホームページとか作ってないですか?」って(笑)。

岩男 当時私もパソコンに興味があって、まだいろんな人たちが自分のホームページを持つなんて、そんなにやってなかった頃から、詳しい方に教わりながらホームページを作ってみたり、自分がやってるのと同時にファンの方も岩男潤子のホームページを作ってくれているのを知りました。それこそミーマニアさんのような熱心に応援してくれる人たちがこんなにいたんだって。だから作中のファンの気持ちも手に取るようにわかるし、未麻の思いも痛いほどわかるんです。だけど、その「わかるわかる!」だけじゃなくて、それをどうやったら声に乗せられるんだろうってところでは悩みましたけど、役作りではそんなに行き詰まることはなく、すごく素直に未麻を演じることができました。

——オーディションの前に脚本だの絵コンテだのをがっちり読み込むことは珍しいみたいですね。

岩男 私はこのときが初めてでした。普段はオーディションのセリフだけをいただく感じです。当日いただくことも珍しくないですし、そんなに作品についての説明もなく、タイトルも教えてもらえないまま受けるオーディションも多いなかで、この時はマネージャーさんとふたりで事務所の会議室でじっくり1時間以上は話し合う機会があって。そのあとに「覚悟が決まったのはわかった。じゃあ覚悟が決まった上で絵コンテを全部見てください」って言われて、もう1時間ぐらいホントに受けていいのかっていうことを確認されて。

——それは内容が内容だから的な?

岩男 そうですね、「ホントにレイプされるわけじゃないんだよ、さすがに親は仰天するだろうけど」っていうセリフが作中あるんですけど、それもそのままですよね。それまでの清純派でお嬢様系の役を好きになってくれたファンの人たちはどんな気持ちで観ることになるんだろうとか、自分のことというよりは周りの人たちのことばかり考えました。

——単純にああいうふうに映画のなかで脱いだりレイプされたりっていうのは、声を当てる側としてもつらいものではあるんですか?

岩男 うん、やっぱりつらいです、かわいそうで。もしも自分がこういう目に遭っていたらって。私もそういう事務所に連れて行かれて、「どこまでできるの?」とか、自分が答える前にマネージャーさんが「全部できます」みたいなことを言われたりした経験があって、事務所を辞めて転々とすることもあったので。私は逃げてきたんだけど、未麻はそこに挑んで、平気じゃないのに「私やるよ、だって女優になるって決めたんだもん」ってすごい勇気を出して。レイプシーンは今監督もおっしゃっ

てましたけど、アイドルの未麻が死を迎える場面じゃないですか。死んでしまったあとに楽屋に戻って喪服のような黒い衣装を身につけて。その場でいろんな葛藤のあとの後悔だったり、泣きじゃくりたいところを田所さんの車に乗って泣かずに我慢して、「美味しいもの食べに行こっか」みたいな、みんなの優しさを一生懸命受け入れて、その健気な未麻がホントに……抱きしめてあげたいような気持ちで、愛おしくて愛おしくて、そしてかわいそうで。もしも自分がっていう気持ちにも何度も重ねながら、あの場面だけじゃないんですけど、どれだけ涙を流しただろうっていうアフレコでした。
——ホントに他人事じゃないわけじゃないですか。セイントフォーも3人がヌードになったり、少女隊のメンバーにインタビューしたときも言ってたんですよね。海外に連れてかれて、何も聞いてないのに脱ぐって話になってて、スタッフに「みんな待ってるんだよ」って言われて強制的に脱がされて、みたいな。ホントにあの時代それが当り前だったんだなっていう。
岩男 そうなんです。行くまでわからないので、私もすごいきわどい水着の撮影を一度やったことがあって。でも、もうこの業界にいられなくなってもいいやっていうぐらいの気持ちで、私はとにかく逃げて逃げてきたので、未麻が挑んだ気持ちは、私がいままで逃げてしまったぶんのお詫びと言ったら変ですけど、「苦しかったね、よく頑張ったね」ってせめて気持ちがわかってあげられるなら、あなたの声に重なりたいっていう気持ちでやりました。アイドルデビューしていなかったら、ここまでの気持ちはわかってあげられなかっただろうなと思います。
——今監督は、なんの予備知識もなく「この子いいんじゃない?」って岩男さんを選んだみたいですね。
岩男 はい。いろいろとあとから知ることが多かったんですけど、オーディションのセリフは「あなた誰なの?」のひと言だけだったので、たくさんの「あなた誰なの?」を名前とかプロフィールとか見ずに聴いていくなかで、「この人」って決めたら、すごい名前の人だったって(笑)。
——元セイントフォーだったっていう。
岩男 音響監督の三間さんが「元セイントフォーだから、つらくてできないって言うんじゃないですかね」って心配されてたっていうのもあとで聞いて。三間さんはインタビューで「清純派で売ってたけど私はぜんぜん大丈夫って言ってた」ってシンプルにおっしゃってましたけど、その「ぜんぜん大丈夫」も未麻のあのときと一緒で、「ルミちゃん、私やるよ」って、役者としての覚悟を決めた「大丈夫、できる、やる」っていう気持ちなので、決して軽くはないんですよ。
——「ダメージないですから」じゃないんですよね、「ダメージは受けるけどやります」っていう。
岩男 はい、「ぜんぜん平気!」とかじゃないんで、それはみんなに心配かけないように。ものすごい覚悟を決めてやりました。

不安の中で……

——アフレコの段階では制作がかなり遅れててたいへんだったんじゃないですか?
岩男 実際は絵コンテの感じで見ていたものが、アフレコのときも画面に映っていて、まだ色がついている場面とついてない場面がありました。でもそれは初めてのことじゃなくて、ほかの作品でもまったく絵がなくてタイムコードだけ見てセリフを言うこともあったので、そこはそんなに戸惑わなかったんですけど、もともとのしゃべりがゆっくりなので、台本だけをいただいて見ていたらもっとゆっくり練習してたと思うんですよね、セリフの言い回しとか。実際はルミちゃんたちとのやり取りも少し速いテンポでやらなくちゃいけないので、そこのタイミングがなかなか合わせられなくて、(松本)梨香さんにご迷惑おかけしましたし、今監督も休憩のときに「ビックリするぐらい合わせられないところがあるんだね、声優さんなのに」みたいなことを言われて(笑)。「すみません!」って言ったら、「いや、リアルでおもしろい」っておっしゃってくれたんですけど。
——「アフレコ初日のムードが異様に重たかった」って聞きました。
岩男 スタジオがどよーんって感じでした。どの場面を録り終わっても和むことはなかったですね。私は自分のことでいっぱいだったっていうのもあるんですけど、監督ともそのときはご挨拶だけで、きちんと面と向かって「岩男潤子と申します」っていう感じじゃなくて、全体のご挨拶しかできてない状態で。
——監督も制作の遅れで申し訳なくて頭が上げられなかったっていう。
岩男 あ、そうなんですか? 2日に渡ってアフレコがあったんですけど、初日終わったときかな?「ごめんね、こんなつらい役。でも、ありがとう」っておっしゃってくれて。劇中でみんなが未麻に優しいように、アフレコ現場でみなさんが私に「こんなに叫んじゃって喉は大丈夫?」とか優しくしてくださるので、「はい、ぜんぜん大丈夫です!」って受け答えは明るくやってました。
——今監督が「岩男さんの芝居が若干作りすぎで、一生懸命さが空回りする部分もあったけど、そのひたむきさとかまじめさなどに未麻を彷彿とするところがあった」みたいな評価をしてましたね。
岩男 そうなんですね。一番最初にリアルな未麻とバーチャル未麻を同時にやるのかなと思っていて。同時にやってみたとき、監督に「いや、バーチャル未麻はそんなに暗くやらないで。もっと嫌味なくらいかわいくしてほしい。リアル未麻は普段のしゃべってる感じをできるだけ出せたらいいなと思ってるから。じゃあ、わかった。2日に分けよう」ってことになって、初日はナチュラルな演技の現実の未麻を全部録っていただいて、2日目にちょっと意地悪なバーチャル未麻を、「ここはアニメっぽくやって、不気味さを演出したい」っておっしゃってたのでそうやってたんですけど、声のトーンが今監督

と三間さんのあいだで、「もうちょっとふつうな感じがいいんじゃないか」とかあったみたいです。
——今監督の様子を見て、さらに不安になったっていう。
岩男 ああ、アフレコ中にスタジオのガラスの向こう側でみなさんがどんな会話をしてるのか、まったく聞こえないので不安になるんですよね。『パーフェクトブルー』作中の『ダブルバインド』の撮影シーンでも未麻が周りのスタッフの人たちの笑い声とか視線をすごく気にして戸惑うというか、泣きそうになっている場面があるじゃないですか。あんな気持ち。いま何が話し合われてるんだろうって。「やっぱり未麻は別の子でいこうか」って言ってたらどうしようとか、そのくらいの自信のなさもどこかにあるので。私がやるんだっていう覚悟のもとにスタジオに入ってるはずなのに、長い沈黙があると……長い沈黙に感じちゃうんですよね、みなさんが黙って下を向いてたり、「どうする?」とか笑ってたりすると。一番怖かったのは、役者を替えられちゃうんじゃないかってこと。1日目と2日目のあいだぐらいに、どなたに言われたか忘れたんですけど、「ホントはあなたじゃなかったんだよ」っておっしゃった人がいて、すごく傷つきました。もともとこういうタイプなので余計に自信がなくなって、家に帰ってから2日目のアフレコに影響するんじゃないかっていうぐらい号泣しました。電話が鳴るたびに……。
——チェンジなんじゃないかっていう。
岩男 そう! そればっかり。ぜんぜん眠れないで2日目のアフレコに行って。現場でも三間さんに「なんでできないかなあ?」とか言われたりすると、新人声優でもないのに「ちょっとすみません」ってお手洗いに行ってブワーッて泣いて(笑)。帰って、「そんな鼻声でできると思う?」とか言われて、「すみません! すみません!」ばっかりで。でも、こういう気持ちも全部未麻に乗せて挑みたいんだ、不安っていうところも全部出していこうって気持ちを切り替えて続きをやりました。
——実際、今監督のブログで、アフレコのスケジュールをすごい急に入れられて、「なんでこんな急なんだ」って言ったら、「岩男さんのスケジュールの問題」と伝えられて、「だったら主役交代だ」って激怒して1ヶ月延期になったというエピソードが出てきたんですけど。
岩男 あ、それは初めて聞きました。私、96年、97年ぐらいにアルバイトしなくて済むぐらいスケジュールが真っ黒になって、それでも早朝から声優雑誌の撮影で遠い海に行って、戻ってアフレコ現場に入って、現場が終わるとまたインタビューとか撮影で、夜にもアフレコがあって、それが終わって帰れるかと思うとラジオがあったり。どこで次の日のリハーサルをしたらいいんだろうっていうぐらい詰まってたんですね。そこでさらにゲームの台本がドンドンドーンと来て、チェックだけでも大変で。ありがたいことにホントに忙しい時期で、そんなスケジュールだったんですよね……すみませんでした。
——つまり、本当に主役交代の可能性もあった。
岩男 あったんですね、知りませんでした。ただただ自分のなかでタイミングが合わないとか、なかなかOKをもらえないときに勝手に不安になって、チェンジの連絡だったらどうしようって思ってて。
——でも、ちゃんと無事にやり切れて。こういう役をやったことで、家族の反応とかも心配だったと思うんですよ。
岩男 役が決まったときは、「おめでとう!」って言ってもらえたし、「すごいじゃない主役、しかも映画で! よかったね」って喜んでくれたんですよ。そのあと観てくれたとは思うんですけど……。
——反応がない(笑)。
岩男 そうです。仰天したんだと思います。未麻ちゃんが劇中で言ったように、「さすがに親は仰天するだろうけど」って。やっぱりショックな場面を観て、もしかしたらルミちゃんのような目になって映画館を出て行ったかもしれないですし。

経験の結果

——でも、作品がちゃんと評価されたわけじゃないですか。そのときはどういう思いがありました?
岩男 オーディションのお話をいただいたときから説明のできない大きな力を感じたんですけど。実際、日本の人だけじゃなくて世界じゅうの人たちが絶賛するような作品だったっていうところで、そのパワーを全身で感じてたんだなって。すごいことになるんじゃないかっていう予感が当たったというか。
——絵コンテとか見た時点で確信があった。
岩男 アニメ界にもすごい衝撃を与える作品になるんじゃないかっていうことも感じて。なおかつ、この健気な未麻の気持ちだったり、多重人格の場面を演じるところもどこかで誰かが共感するというか、うまく言えないんですけどすごく大きな力を感じていたので、こういうことだったのかって。で、時間が経てば経つほどいろんな人たちの評価が高まって、その渦中にいられることもすごくうれしかったですし。映画が公開されたあとに、いままでお世話になってた出版業界の人とかでも、「どうやってこの役を自分のものにできたの?」とか「どんな手を使ったの?」みたいな人たちが。
——どんな手!
岩男 そう、それってどういう意味? と思いながら。妬まれるぐらいに。同業者の人たちも、「なんで岩男潤子なの?」って言われたり、「すごい財産を手に入れたね」とか言われて。自分でも出会えてよかった、挑んでよかったっていう達成感はあったんですけど、周りの人たちからも作品の評価を聞くたびに、やってよかったと。
——いまだに、いまボクが着ているようなブートTシャツが海外で売られてるぐらいですからね。
岩男 欲しいです、すごく。いままさに吉田さんが着てらっしゃるTシャツの絵が、当時渋谷の山手線のホームに大きなポスターで貼られていて。別のアフレコの現場に行く途中にふと振り返ったら、「ハッ、『パーフェクトブルー』だ! すごいことになってる!!」って思いまし

たし、不思議な夢の中にいるような気持ちにもなりました。

——セイントフォー時代のいろんな複雑な感情がこれで昇華できたと思いますよ、苦労は無駄じゃなかったっていう。

岩男 そう言ってくださってありがとうございます。でも、ホントに悔しかったりつらかったりの時期が全部作品と重ねられて……出会うべくして出会ったというか。ホントに監督にも何度も言ったんですけど、私のこといままで見られてたんじゃないかと思うぐらい、怖いぐらい重なって。アイドルの人みんながみんなこういう思いをしてるわけではないと思うんですけど。未麻のオーディションに受かった頃は間取りがすごく似てる部屋に、私住んでいて。ベッドの位置だったり、テレビとかパソコンとかチェストとか、キッチンの小さな冷蔵庫とかも自分の部屋を再現されてるような感じがしていました。その少し前に住んでた部屋は、貯金をするために家賃2万3000円の小さなアパートだったんです。

——2万3000円！

岩男 共同の玄関で、内階段で4部屋並んでいて、女性専用のアパートだったので入ってたんですけど、もちろんお風呂もトイレもなくて、共用の流し台とお手洗いがあって、お風呂は銭湯でっていう生活をアイドル卒業後はしてましたので。やっとちゃんとしたお部屋に引越しができて。あとグッピーも飼ってて。

——いちいちシンクロしてますよ！

岩男 アフレコが始まる頃はまた別の部屋に引越してたんですけど。ストーカー問題でたびたび引越しを強いられたので。その部屋ではネオンテトラも飼っていたんです。そういうのも重なって……いろんなことが重なりすぎるので、全部終わったあとのインタビューですけど、今さんに「私の部屋、見たことありませんか？」って（笑）。

——それだけ入り込んで、追い込まれてボロ泣きして。相当なシンクロぶりですよね。

岩男 そうですよね。演技じゃなくて私でしたね。私が未麻だったんだって思うぐらいの気持ちでした。

——ちなみに今監督はどんな方でした？

岩男 初日のアフレコのときは怖そうな人だなと思って。三間さんもけっこう怖かったので、ちゃんと目を見てご挨拶できるか不安になるぐらいだったんですけど。休憩のときにスタジオのロビーに出てあらためてちゃんとご挨拶させてもらったらニコッと笑ってくださって。「あ、笑うんだ！」って。ガラス越しの難しい顔しか見てないので、メガネの奥の目がちゃんと見えないんですよ。サングラスじゃないのにサングラスをかけてるぐらい表情が見えないのが怖くて。もちろんニコッと笑う口元も見てなかったので怖かったです。だから、「ハッ、笑ってくれた！」と思って、そのときに、「いわおとこ、じゅろう子……岩男潤子か、すごい名前だね。どんなゴツい人が来るのかなってみんなで話してたんですよ。そっか、こんなに小さいのか」みたいなことをおっしゃってて。

——監督は声優知識もぜんぜんなかったみたいですね。

岩男 私はそこで会話がちゃんとできないというか、ただ「はい、はい」みたいな感じで頷いたり困ったりするぐらいのリアクションしかできなかったんですけど、「つらい役をやってもらってごめんね」って言われて、「え、ごめんねとか言うんだ！」と思って、「こちらこそちゃんとできなくてすみません」みたいな。まだ始まったばっかりではあったんですけど、初日はそんな短い会話ができただけでも、怖い人ではないんだっていうのがわかって……声が優しいし笑ってくれた表情も柔らかいので、怖そうな人だなと思っていてこちらこそごめんなさいって思いました。あと、CHAMの歌をすでに録ってしまっていたので、「あなたに決まるんだったら歌も歌ってもらえばよかったな」っていうふうに言ってくれて、うれしかったです。私も歌いたかったなって。最初は歌えるのかなと思ってましたので、「歌はもう別の人で録りました」って言われたときに、「はぁ残念」って思っていて。

——正直、歌ってほしかったですね。

岩男 その歌の人に声を合わせなきゃいけないんじゃないかなと思っていたら、三間さんに「その必要はないです、しゃべり声と歌声がまったく違う人もいるので、そこはまったく気にしないあなたで演じてください」って言ってくれたので安心しました。

——でもホント、それだけ覚悟して挑んだ作品が、いまでも高く評価されていて、良かったですよね。

岩男 そうですね。去年もスペインとかカナダのイベントにご招待してもらって（それぞれJAPAN WEEKEND VALENCIA、Anime North 2018）、参加してきたんですけど、未麻のコスプレをしてる女の子がすごく多いんですよ。しかもリアルな未麻とバーチャルな未麻の両方を仲良しの友達同士で並んでサイン会に来てくれたり。あとルミちゃんの未麻。

——そっちバージョンも！

岩男 血糊をつけて。それで動画を撮ってたり。衝撃的。CHAMの時代の未麻のかわいいコスプレをした女の子たちがサイン会のスタッフとしてついてくださったり、逆に未麻を演じてる私が普段の感じで行くと、「あれ着ないんですか？」みたいに言われて。

——着たことあるんですか？

岩男 ないですよ。みなさん彫りが深くてスタイルもいいので、未麻のアイドル衣装も着こなしていらして、今年もすぐヒューストンに行くんですけど（ANIME MATSURIが6月13〜16日に開催）、アメリカでもそういう未麻に会えたらいいなと思ってます。作ったアニメ声のほかの作品よりリアルなものが好きって言ってくれる方も多いので。パネルトークでも『パーフェクトブルー』にあこがれて声優になりたいと思ったって人たちが日本にかぎらずたくさんいらっしゃいます。「どうすれば未麻のような役を演じることができるんでしょうか」とか。今監督の作品に出演できたおかげでホントに広く世界じゅうの方々に知っていただくことができて幸せです。声優でよかったです。 （2019年6月7日収録）

PERFECT BLUE END CREDIT

CAST		STAFF		D·R MOVIE	
未麻	岩男潤子	原作	竹内義和	柳 京我	金 文姫
ルミ	松本梨香			金 錦樹	文 英任
田所	辻 親八	プロデューサー		李 知恩	朴 素連
内田	大倉正章	中垣ひとみ	石原恵久	金 敬子	金 容植
手嶋	秋本羊介	東郷 豊	丸山正雄		
渋谷	塩屋 翼	井上博明		京江動画	
桜木	堀 秀行			文 玉淵	金 文姫
恵理	篠原恵美	脚本		權 五姫	朱 銀珠
村野	江原正士	村井さだゆき			
監督	梁田清之			色彩設計	
矢田	古澤 徹	キャラクター原案		橋本 賢	
レイ	新山志保	江口寿史			
雪子	古川恵実子			彩色	
		キャラクターデザイン		大野春恵	中山佳奈
原 亜弥	三木眞一郎	浜洲英喜		山本智子	角本百合子
山野井仁	田野 恵	今 敏		鎌田千賀子	林亜揮子
長嶋高士	陶山章央				
細井 治	遠近孝一	作画監督		D·R MOVIE	
本井えみ	保志総一郎	浜洲英喜		羅 美愛	朴 容慶
谷山紀章				李 順榮	金 喜四
		原画		廉 恩京	申 京花
司会者	ショッカーO野	森田宏幸	栗尾昌宏		
観客達	ショッカーO野&	藤田しげる	新井浩一	京江動画	
	ロフトプラスワン	川名久美子	二村秀樹	曹 永心	金 香子
	ブラザーズ	多田雅治	中山勝一	蔡 貞任	郭 美徳
		本田 雄	鈴木美千代		
特別出演	北野 誠	松原秀典	黒沢 守	美術監督	
	南かおり	橋本晋治	山田 誠	池 信孝	
		高秀国男	新川信正		
		坪和 等	浜崎博嗣	背景	
		新留俊哉	野田卓雄	上原伸一	猪田 薫
		高橋しんや	仲 盛文	池田 尚	河野 羚
		磯 光雄	高梨 光	番野雅好	太田 大
		北野ヨシヒロ	山下高明	朴 鏞一	金 哲圭
		古賀 誠		鷲崎 博	谷口淳一
				吉原一輔	加藤幸子
		動画チェック		山本二三	池田祐二
		大島明子		Team's ART	
		梅岡 徹			
		坂詰かよ		特殊効果	
				真田祥子	
		動画		ビジュアルワークショップ	
		石井久美	隅崎幸治		
		川合正剛	渡辺佐紀子	撮影監督	
		高坂 清	馬場あゆち	白井久男	
		川合正起	末永 愛		

撮影	振り付け	制作進行
スタジオコスモス	IZUMI	成田歳法
大藤哲生　池上元秋		鈴木智子
前原勝則　黒田洋一	編集	平井健治郎
野口博志　池上伸治	尾形治敏	
蓺島尚久　島田隆志		企画
久野利和　古澤功一	ネガ編集	岡本晃一(ダルマックス)
矢澤昌二　平野加奈絵	伊藤勇喜子	竹内義和(ダルマックス)
宮田一美　栗倉正文	寺内 聡	
西山朋宏　山口則和		企画協力
勝田有記　出井久美子	音響監督	大友克洋
	三間雅文	樋口敏雄
音楽		内藤 篤(内藤・清水法律事務所)
幾見雅博(OFFICE193)	効果	
	倉橋静男	宣伝協力
音楽プロデューサー		市川 篤(ザナドゥー)
斉藤 徹(アイノクスレコード)	調整	小島則子(ザナドゥー)
	山田富士男	関口 賢(一広)
音楽A&Rプロデューサー		豊泉由紀子(一広)
堀 正明(アイノクスレコード)	録音助手	内田大五(クリエイト・ワン)
	上野未来	飛松隆幸
エンディングテーマ		粕田 等(ファングス)
「SEASON」	音響制作担当	
作詞　小竹正人	高寺 雄	配給協力
作曲　PIPELINE PROJECT		金子 学(シティ出版)
編曲　PIPELINE PROJECT	録音スタジオ	
歌　M-VOICE	アオイスタジオ	協力
		寿精版印刷株式会社
挿入歌	音響制作	朝日放送株式会社
「愛の天使」	テクノサウンド	株式会社ファングス
作詞　今井希子		
作曲　幾見雅博	現像	エグゼクティブプロデューサー
編曲　幾見雅博	東京現像所	神田幸四郎
歌　MISA		鶴身唯一
古川恵実子	CGIプロジェクト	
清水美恵	八巻 磐	製作総指揮
	前田庸生	鷲谷 健
「一人でも平気」	大常昌文	
作詞　六ツ美純代		制作
作曲　三井 誠	CGI制作協力	マッドハウス
編曲　幾見雅博	IMAGICA D-shop	ONIRO
歌　古川恵実子	アニメーションスタッフルーム	
清水美恵	サテライト	監督
	マーカス	今 敏
「思い出に抱かれて今は」		
作詞　This Time	タイトル・リスワーク	製作・配給
作曲　This Time	マキ・プロ	株式会社
編曲　幾見雅博		レックスエンタテインメント
歌　MISA	演出	
	松尾 衡	
	制作担当	
	早川光相	

©1997 MADHOUSE

今 敏
絵コンテ集
PERFECT BLUE《軽装版》

2019年 8月24日　初版発行
2024年11月20日　7刷発行

著者:**今 敏**
©2019 KON Satoshi / ©2019 今 京子（KON'STONE）/ ©2019 MADHOUSE

監修:株式会社マッドハウス
　　　今 京子（KON'STONE）

発行者:岩本利明
発行所:株式会社復刊ドットコム
〒141-8204　東京都品川区上大崎3-1-1　目黒セントラルスクエア
電話:03-6776-7890（代）
https://www.fukkan.com/

印刷所:大日本印刷株式会社
企画・編集協力・取材構成:大野修一
装幀:大河原哲（復刊ドットコム）
協力:岩男潤子、吉田豪、丸山正雄、今 京子

JASRAC 出　1907821-407

ISBN978-4-8354-5693-5 C0076
Printed in Japan

○乱丁・落丁はお取替えいたします。大変お手数ですが、購入された書店名と不具合箇所を明記して小社までお送りください。
○本書の無断複製（コピー、スキャン、デジタル化）は著作権法上での例外を除き、禁じられています。
○定価はカバーに表示してあります。

■本書は、2015年に刊行された『今 敏 絵コンテ集 PERFECT BLUE』（弊社刊）を底本とし、一部に増補・改訂を加えた《軽装版》として刊行するものです。

SATOSHI KON: A List of Published Books

STORYBOARD BOOK — 絵コンテ集

今 敏 絵コンテ集 PERFECT BLUE《軽装版》
ISBN 978-4-8354-5693-5

今 敏 絵コンテ集 千年女優
ISBN 978-4-8354-5576-1

今 敏 絵コンテ集 東京ゴッドファーザーズ
ISBN 978-4-8354-5606-5

今 敏 絵コンテ集 パプリカ
ISBN 978-4-8354-5519-8

今 敏 絵コンテ集 妄想代理人／オハヨウ
ISBN 978-4-8354-5897-7

ESSAY — エッセイ

今 敏 エッセイ集 KON'S TONE「千年女優」への道
ISBN 978-4-8354-4973-9

COMIC — 漫画

OPUS［完全版］
ISBN 978-4-8354-5683-6

押井守／今 敏 セラフィム《増補復刻版》2億6661万3336の翼
ISBN 978-4-8354-5698-0

今 敏 エッセイ集 KON'S TONE「妄想」の産物
ISBN 978-4-8354-5746-8

カーヴ［ワイド版・生原稿ver.］今 敏 MANGA選集 1
ISBN 978-4-8354-5881-6

わいら［ワイド版・生原稿ver.］今 敏 MANGA選集 2
ISBN 978-4-8354-5882-3

海帰線［ワイド版・生原稿ver.］今 敏 MANGA選集 3
ISBN 978-4-8354-5883-0